大学生心理健康教育理论与实践研究

谢春玲◎著

中国出版集团　现代出版社

图书在版编目（CIP）数据

大学生心理健康教育理论与实践研究 / 谢春玲著.
-- 北京：现代出版社，2022.2
ISBN 978-7-5143-9711-6

Ⅰ．①大… Ⅱ．①谢… Ⅲ．①大学生－心理健康－健康教育－研究 Ⅳ．①G444

中国版本图书馆CIP数据核字(2022)第028583号

大学生心理健康教育理论与实践研究

作　者	谢春玲	
责任编辑	姜　军	
出版发行	现代出版社	
地　址	北京市朝阳区安外安华里504号	
邮　编	100011	
电　话	010-64267325　64245264(传真)	
网　址	www.1980xd.com	
电子邮箱	xiandai@cnpitc.com.cn	
印　刷	廊坊市海翔印刷有限公司	
版　次	2023年5月第1版 2023年5月第1次印刷	
开　本	185 mm×260 mm　1/16	
印　张	10.75	
字　数	253千字	
书　号	ISBN 978-7-5143-9711-6	
定　价	58.00元	

前　言

　　大学时代是一个人心理成熟发展的重要时期，大学生的生活中并非只有学习，社交活动、人际交往、求职择业等方面也在大学生的生活中占有重要位置。在大学生活期间，大学生会遇到各种困惑和挫折，一些心理承受能力较差的学生会对各种心理矛盾和冲突无所适从，进而影响学习和生活。大学生肩负着祖国的未来，心理健康十分重要。总而言之，大学生心理健康教育对于其本人以及社会的发展都有着举足轻重的作用。我国高校大学生心理健康教育已经引起了社会各界的高度重视。学术界的专业人士已经形成了普遍的共识，即将培养大学生的良好心理素质看作高等教育的基本目标和高校素质教育的重要组成部分。我国大学生心理健康教育活动正在蓬勃开展。

　　本书从大学生心理健康基本知识入手，对心理健康教育的理论与内涵特征，大学生的情绪情感的调节、压力管理与挫折应对，以及未来心理健康教育的发展展开详细的叙述，在编写上突出以下特点：第一，内容丰富、详尽，时代性强。不仅涵盖心理健康基础知识，而且对大学生人格健全发展也有分析。第二，理论与实践结合紧密，结构严谨，条理清晰，重点突出，具有较强的科学性、系统性和指导性。第三，结构编排新颖，表现形式多样，便于读者理解掌握。

　　本书是一本为从事大学心理健康教育工作者以及学者量身定做的教育研究参考用书。

　　在本书的编写过程中，参阅、借鉴和引用了国内外许多同行的观点和成果。各位同人的研究奠定了本书的学术基础，对大学生心理健康教育理论与实践研究提供了理论基础，在此一并感谢。另外，受水平和时间所限，书中难免有疏漏和不当之处，敬请读者批评指正。

目　录

第一章　大学生心理健康 ……………………………………………… 1

第一节　心理健康常识 ……………………………………………… 1

第二节　大学生常见心理问题及症状 …………………………… 11

第三节　大学生心理健康教育的意义及影响因素 …………… 14

第二章　大学生心理健康教育理论指导与发展特征 ………… 22

第一节　大学生心理健康教育理论指导 ……………………… 22

第二节　大学生心理健康教育的现实依据 …………………… 37

第三节　大学生心理健康教育的发展特征 …………………… 45

第三章　大学生健全学习心理 ……………………………………… 51

第一节　大学生学习心理概述 …………………………………… 51

第二节　学习策略应用 …………………………………………… 55

第四章　大学生人际交往心理 ……………………………………… 63

第一节　大学生人际交往概述 …………………………………… 63

第二节　大学生常见的人际交往心理问题及调适 …………… 74

第三节　大学生良好人际关系的构建 ………………………… 78

第五章　大学生情绪情感调节 ……………………………………… 86

第一节　情绪情感概述 …………………………………………… 86

第二节　大学生情绪情感特点及常见的情绪情感问题 …… 96

第三节　情绪调节与情商提高 ……………………………………………… 100

第六章　大学生压力管理与挫折应对 …………………………………… 107

第一节　压力与心理健康 ……………………………………………… 107

第二节　挫折与心理健康 ……………………………………………… 110

第三节　压力管理与挫折应对 ………………………………………… 117

第七章　大学生人格健全发展 …………………………………………… 122

第一节　人格概述 ……………………………………………………… 122

第二节　影响人格的因素 ……………………………………………… 125

第三节　大学生健全人格的培养 ……………………………………… 130

第八章　大学生心理辅导 ………………………………………………… 137

第一节　大学生朋辈心理辅导 ………………………………………… 137

第二节　大学生团体心理辅导 ………………………………………… 143

第九章　未来心理健康教育发展 ………………………………………… 156

第一节　心理健康教育新理念 ………………………………………… 156

第二节　心理健康教育新着力点 ……………………………………… 160

参考文献 …………………………………………………………………… 164

第一章　大学生心理健康

第一节　心理健康常识

一、健康

（一）健康新概念

1. 健康观的演化

传统的健康观认为躯体没有疾病就是健康。因此，一说起健康指的就是身体健康。持有这种健康观的人，在日常生活中只注重身体锻炼，忽视心理保健。

其实，中国古代医学中早就强调七情（喜、怒、忧、思、悲、恐、惊）失调导致生病。《黄帝内经》写道："怒伤肝，喜伤心，思伤脾，忧伤肺，恐伤肾。"就是指由于七情失调，从而引起阴阳失衡，气血不和，经络阻塞，脏腑功能失常而患病。

20世纪50年代，联合国世界卫生组织（WHO）成立时，在其宪章中开宗明义地指出：健康不仅仅是没有疾病，还有身体上、心理上和社会适应上的完好状态或完全安宁。20世纪七八十年代，美国罗切斯特大学教授恩格尔提出了"生物—心理—社会医学模式"的最新理论并指出，生物医学模式关注导致疾病的生物化学因素，而忽视社会、心理的维度，是一个简化的、近似的观点。

20世纪90年代，联合国世界卫生组织又提出了21世纪健康新概念："健康不仅是没有疾病，而且包括躯体健康、心理健康、社会适应良好和道德健康。"21世纪人类的健康是生理的、心理的、社会适应与道德健康的完美整合。

2. 衡量健康的四个层面

（1）躯体情况

包括身体发育是否良好，是否有生理疾病或缺陷等，这是健康概念的基础。

（2）心理发展状态

包括是否有心理疾病，是否有持续的、积极的心理状态等。

（3）社会适应程度

包括掌握多少生活知识和技能，是否有正确的生活目标，能否遵守社会生活规则，顺利融入社会群体，承担社会角色，适应社会生活等。

（4）道德文明水平

包括道德认知水平和道德行为状况等，道德健康的最高标准是无私奉献，最低标准是不损害他人。

（二）健康新内涵

随着社会的进步和医学科学的发展，人们对健康含义的理解越来越深刻，世界卫生组织又提出了健康的十条新内涵。

第一，有充沛的精力，能从容不迫地应付日常生活和工作的压力而不感到过分紧张。

第二，处事乐观，态度积极，乐于承担责任，不论事情大小都不挑剔。

第三，善于休息，睡眠良好。

第四，应变能力强，能适应外界环境的各种变化。

第五，能够抵抗一般性感冒和传染病。

第六，体重适当，身材匀称，站立时头、肩、臀位置协调。

第七，眼睛明亮，反应敏锐，眼睑不发炎。

第八，牙齿清洁、无空洞、无痛感，牙龈颜色正常、无出血现象。

第九，头发有光泽、无头屑。

第十，肌肉和皮肤有弹性，走路感觉轻松。

二、心理健康

（一）心理健康的概念

心理健康的概念有广义和狭义之分。广义的心理健康，指一种高效而满意的、持续的心理状态。狭义的心理健康，指人的基本心理活动的过程与内容完整协调一致，保持一种良好的心理状态功能。

在心理学中，心理健康指的是一种持续的相对稳定的心理状态。在这种状态下，个人具有生命的活力、积极的内心体验、良好的社会适应能力，并能够有效地发挥个人的身心潜力与积极的社会功能。

心理健康的概念中包括了哪几方面的意思？如何来理解心理健康的含义呢？

1. 心理健康的动态性

心理健康既然是对人的心理状态的描述，那么这种所谓健康的心理状态并不是绝对的、一成不变的，而是相对的，会起伏和波动。即便是完全没有任何心理问题的人，其心理状态也不是保持在一个完美或者较为完美的水平上没有变化，而是能够通过不断的调整，将自我的心理状态保持在一个相对稳定、相对较为理想的水平上。

2. 心理健康的平衡性

既然心理健康是动态变化的，而人的心理状态可能随时都会发生一些细小的甚至明显的变化，那么是不是说，当心情落入低谷的时候，我们的心理就处于不健康状态呢？心理健康中的平衡指的是一个人具有调节自己心理状态平衡的能力，即便在某些时候会觉得状态糟糕，但是能够在一定时间内通过自我调节恢复到一个正常的水平，这样的人就是具备心理平衡能力的人。

3. 心理健康的功能性

心理健康的功能性指的是一个心理健康的人，是具备一定的社会功能的，比如，能够正常地与人交流，能够生活自理，能够良好地进行学习、工作。总之，从整体来看，心理健康的人能够较为良好地应对社会生活，小到穿衣吃饭、与人交流，大到升学、就业等方面都有良好的适应性，这是一个心理健康的人所具备的社会功能。

（二）心理健康标准

1. 心理健康的标准

心理健康的标准，是最高标准与最低标准的辩证统一。

近年来，心理健康标准问题一直是人们关注的焦点问题。心理健康的标准是心理健康概念的具体化和操作化，是评价心理健康的一系列准则。心理健康标准问题既是心理健康研究领域一个十分重要的基本理论问题，也是心理健康教育实践中亟须解决的理论问题之一。但由于心理健康标准问题涉及面既广又杂，迄今为止，学者们仍未达成一致意见。下面将介绍四种心理健康的标准：第一，身体、智力、情绪十分协调；第二，适应环境，人际交往中能彼此谦让；第三，有幸福感；第四，在工作和职业中，能充分发挥自己的能力，过着有效率的生活。

我国心理学家郭念锋在其所著《临床心理学概论》一书中提出，从心理活动强度、心理活动耐受力、周期节律性、意识水平、受暗示性、康复能力、心理自控力、自信心、社会交往、环境适应能力十个方面判断心理健康的水平。

美国著名心理学家马斯洛和密特尔曼曾提出人的心理是否健康的10条标准：

第一，是否有充分的安全感。

第二，是否对自己有较充分的了解，并能恰当地评价自己的行为。

第三，自己的生活理想和目标能否切合实际。

第四，能否与周围环境事物保持良好的接触。

第五，能否保持自我人格的完整与和谐。

第六，能否具备从经验中学习的能力。

第七，能否保持适当和良好的人际关系。

第八，能否适度地控制和表达自己的情绪。

第九，能否在集体允许的前提下，有限地发挥自己的个性。

第十，能否在社会规范的范围内，适当地满足个人的基本要求。

2. 大学生心理健康的标准

大学生心理健康学是研究大学生心理健康的形成、发展、变化的规律，以及如何维护和增进大学生心理健康的科学。为了有利于我们更具体、更深入地明确大学生健康心理学的研究对象，首先要了解大学生心理健康的标准。

大学生是处于青年中期的，具有一定知识层面的特殊群体，参照心理健康的一般标准，我国大学生的心理健康标准有如下八条：

（1）具有旺盛的求知欲和浓厚的学习兴趣

大学生的智力水平一般都比较优秀，学习是大学生活的主要内容。具有健康心理的大学生目标明确，学习热情高，精力旺盛，朝气蓬勃，不畏艰难，孜孜不倦，在学习中经常体验到满足与快乐。

（2）具有独立生活的能力

独立生活的能力体现了一个人的生存能力，在竞争时代，在当今众多选择的面前，要有独立处理自己生活的能力，要学会自己做决定。不会做决定，则做事唯唯诺诺，缺乏独立性。

（3）具有正确的自我意识，能悦纳自我

自我意识是人格的核心，是人对自己以及自己与周围世界关系的认识与体验。健康的心理，应该是自我评价客观，能够接纳自我，不苛求自己，既不妄自尊大而做力所不能及的事情，也不妄自菲薄而甘愿放弃可能发展的机会，自信乐观，理想我和现实我达到完美的统一。这说明心理健康包括了解自己和悦纳自己。

（4）具有完整统一的人格品质

人格是个人比较稳定的心理特征的总和，人格完整是指构成人格要素的气质、能力、性格和理想、信念、人生观等各方面均衡发展，不存在明显缺陷，有积极进取的人生观，并以此为中心，有效地支配自己的心理行为。

（5）具有协调和控制情绪的能力，心境良好

良好的心情使人经常保持愉快、开朗、自信、乐观、满足的心情，对生活充满希望。心理健康者在痛苦、忧伤等不良情绪袭来时，善于调整并保持情绪的稳定，保持与周围的平衡。

（6）具有良好的适应和改造环境的能力

对环境的适应和改造的能力，是由一个人的生活态度决定的。心理健康的人，能在环境改变时正确面对现实，对环境做出客观正确的判断，不怨天尤人；能与社会保持良好的接触，使自己的思想、行为与社会协调一致。

（7）具有良好的人际交往能力，人际关系和谐

良好的人际关系是心理健康的润滑剂，人际关系和谐的人有安全感和幸福感。心理健康的人善于与他人接触，以乐观豁达、宽容理解的心态与人相处；能够正确处理个体与群体的关系，有独立的人格和积极助人的精神。

（8）具有符合年龄特征的心理行为

不同年龄阶段有不同的心理行为，心理健康者应具有与同年龄多数人相符合的心理行为特征，如果严重偏离，就是不健康的表现。

（三）什么是心理异常

心理异常，是在大脑生理生化功能障碍和人与客观现实关系失调的基础上产生的对客观现实的歪曲的反映。心理异常一词是对许多不同种类的心理和行为失常的统称。其表现可以是严重的，也可以是轻微的，人们在日常生活中常用精神病、变态行为、情绪障碍这样的词来对此加以描述和区分。

心理异常的实质，就是异常心理的原因、机理和心理结构问题。心理异常是大脑的结构或机能失调，或者人对客观现实反映的紊乱和歪曲，既反映了个人自我概念和某些能力的异常，也反映为社会人际关系和个人生活上的适应障碍。

要清晰地判别正常心理和异常心理，不是一件容易的事情。首先，异常心理与正常心理之间的差别，常常是相对地出现，比如具有高度考试焦虑的学生和一般考试焦虑的学生，两者之间在某些情况下可能有本质的差别；但在更多的情况下，又可能只有程度的不同。其次，异常心理的表现受多种因素的影响，诸如生物因素、心理状态、社会环境等，所取的角度不一样，标准也就不一样。最后，单纯的心理问题目前并没有什么仪器可以检查化验，全靠专业人员的临床经验进行主观判断。

最常用的区分心理正常与异常的标准有以下五种：

1. 自我评价标准

如果认为自己有心理问题，这个人的心理当然不会完全正常，但一般不可能存在大问题。心理基本正常的人，完全可以察觉到自己心理活动和以前的差别、自己的心理表现和别人的差别等等。如果不认为自己有心理问题，这并不能证明当事人就正常。这种自我评价在精神科叫自知力，属于中国精神疾病诊断标准的严重程度标准之一。

2. 心理测验标准

心理测验通过有代表性的取样、成立常模样本、检测信度、检测效度和方法的标准化，才能形成测评量表，可以在一定程度上避免专家看法的主观化。但是，心理测验也存在误差，并不能代替医生的诊断。

3. 病因病理学标准

这种标准最客观，是将心理问题当作躯体疾病一样看待的医学标准。如果一个人身上表现的某种心理现象或行为可以找到病理解剖或病理生理变化的依据，则认为此人有精神疾病。其心理表现被视为疾病的症状，其产生原因归结为脑功能失调。这一标准为临床医师们所广泛采用，但是诊断范围狭小，对于神经症和人格障碍则无能为力。中国精神疾病诊断标准也采纳了病因病理学的分类标准。

4. 外部评价标准

人的心理活动总是表现在生活的各个方面，如果大家都认为某个人有问题，一般就是正确的。即使旁边人没有看出来，专业人员也可以通过各种表现判断当事人是不是有问题，专家对症状的分析就形成症状学分类标准，目前的中国精神疾病诊断标准主要是按照症状学分类的。

5. 社会适应性标准

在正常情况下，人体维持着生理、心理的平衡状态，人能依照社会生活的需要，适应环境和改造环境。因此，正常人的行为符合社会的准则，能根据社会要求和道德规范行事，亦即其行为符合社会常模，是适应性行为。如果由于器质的和功能的缺陷使得个体能力受损，不能按照社会认可的方式行事，致使其行为后果对本人或社会不适应的时候，则认为此人有心理异常。这里正常或异常主要是与社会常模比较而言的，在目前的中国精神疾病诊断标准之中放在严重程度标准一项——社会功能。

（四）心理健康与心理学的关系

心理健康是指拥有良好而协调的心理状态，而心理状态属于心理活动的范畴，可见心理健康属于心理学的研究范畴，是心理学在健康领域的具体运用，这里涉及两个概念：咨询心理学与临床心理学。

1. 咨询心理学

咨询心理学的研究对象主要是正常人，而不是患者。它为解决人们在学习、工作、生活、保健和防治疾病方面出现的心理问题（心理危机、心理负荷等）提供有关的理论指导和实践依据，使人们的认识、情感、态度与行为有所改变，以达到更好地适应社会、环境与家庭的目的，增进身心健康。

2. 临床心理学

临床心理学是运用心理学的知识和原理，帮助病人纠正自己的精神和行为障碍，通过心理咨询指导和培养健全的人，以使其有效地适应环境和更有创造力。

本书所说的心理健康主要着重在咨询心理学领域，主要解决正常人的心理问题，促进其健康发展。

三、心理学

（一）心理科学的研究内容

现在心理学界公认的心理学定义为：心理学是研究人的心理现象及其发生发展规律的科学。心理现象丰富而独特，吸引着人们去研究、去探寻，比如有感知觉，能感知这个奇妙的世界；比如有复杂多变的情绪，通过情绪表达自己；比如有坚强的意志力，有的人借此创造着"奇迹"。这些现象都有其发生发展的规律。心理现象非常复杂，但从形式上可以分为心理过程和个性心理两个方面，这两个方面都与心理状态相联系，因此归纳起来心理学研究的内容有三个：心理过程、个性心理和心理状态。

1. 心理过程

心理活动过程包括认知过程、情绪（情感）过程和意志过程三个方面，它们从不同的角度能动地反映着客观事物及其相互关系。

（1）认知过程

认知过程是个体认识世界、获取并运用知识的过程，包括感觉、知觉、记忆、思维和想象等。人对客观世界的认识始于感觉与知觉，将感知觉所获得的知识经验贮存在人们的头脑中，并在需要时再现出来，这就是记忆。人不仅能直接感知个别、具体的事物，认识事物的表面联系和关系，还能运用头脑中已有的知识经验去间接地、概括地认识事物，揭露事物之间的本质联系和内在规律，这就是思维。人对客观事物在脑中形成的形象进行加工改造，从而产生新形象的过程，即为想象。

（2）情感过程

在认识客观世界的同时，人还会对事物产生一定的态度，引起满意、喜爱、厌恶、憎恨等主观体验，这就是情绪（情感）。它是人对客观事物是否符合自己的需要而产生的态度体验。凡是符合人的需要的客观事物，就会使人产生积极肯定的情绪，反之则产生消极否定的情绪。

（3）意志过程

人和动物不同的是，人不仅能认识世界并对其产生肯定或否定的情绪，而且能调节自己的活动并有目的、有计划地改造世界。心理学把人自觉地确定目的，并为实现目的而克服困难、有意识地支配和调节自己行为的心理过程，叫意志过程，表现为激励个体去从事达到目的所必需的行为和抑制与预定目的不相符合的行为两个方面。

上述三者在现实生活中总是紧密联系、相互作用的。一方面，认知决定人的情绪和意志，"知之深，爱之切"，认识到学习的重要性才会付出意志努力；另一方面，情绪和意志又影响人的认知，如"情人眼里出西施"就是情绪对认知的影响，坚强的意志能促进人认知的积极性，并取得良好的认知成效。情绪可以加强或减弱意志，而意志也可以控制情绪。

2. 个性心理

个性心理是指表现在一个人身上比较稳定的心理特性的综合，是一个人总的精神面貌，反映了人与人之间稳定的差异的特征。由于每个人的遗传素质、所处社会环境不同，形成了人的个性心理差异。个性心理差异主要表现在个性心理倾向性和个性心理特征两个方面。

（1）个性心理倾向性

主要包括需要、动机、兴趣、爱好、信念、理想、世界观等，这些在人的心理现象中起到动力作用，决定个体对现实世界的认知态度和对活动对象的选择与方向。

需要是个体进行活动的基本动力，是个体积极性的源泉。人有生理的需要，也有社会的需要；有物质的需要，也有精神的需要。人有了需要就会产生求得需要满足的动力即动机，并产生相应的行为。

动机是人的各种活动，都是在一定的动力推动下进行的。这种推动人进行活动，并使活动朝向某一目标的动力，就是人的活动动机。它使个体产生一定的行为并指向特定的对象，并在活动的过程中不断调节行为的强度、持续时间，最终达到预定的目标。

兴趣是一个人对事物、对世界好奇而进行探索认知的需要，促使一个人产生探索认知的行为。

世界观是个体对客观世界的总体看法与基本态度，决定一个人行为的基本方向。

（2）个性心理特征

个体的气质、性格、能力等统称为个性心理特征。能力有一般能力和特殊能力之分，气质有好动与喜静、暴躁与温和之别，性格有自信与自卑之差等。

能力是人顺利地完成某种活动所必须具备的心理特征，体现着个体活动效率的潜在可能性与现实性。

气质指表现在人的心理活动动力方面的特征，如心理活动速度、强度、稳定性、灵活性等，这些特征与生俱来，很少受个人活动的目的、动机和内容的影响。

性格是人对现实的稳固的态度和习惯化的行为方式。气质与性格有时也统称为人格。正是这些心理特征，使一个人的心理活动与其他人的心理活动彼此区别开来。

3. 心理状态

心理状态是人的心理活动在一段时间里出现的相对稳定的持续状态，其持续时间可以是几个小时、几天或更长一些的时间。它既不同于动态的心理过程，也不同于静态的心理特征。例如，在感知活动时可能出现聚精会神或漫不经心的状态；在思维活动中可能出现灵感或刻板状态；在情绪活动时可能产生某种心境、激情或应激的状态；在意志活动时可能出现犹豫或果敢的状态；等等。

人反映客观现实的心理活动，总是由注意状态相伴随。注意作为一种比较积极的心理状态，使人的心理活动指向和集中在一定的对象上，并使人对被注意的事物进行清晰的反映。没有注意的作用，人就无法清晰地认识事物，也无法准确而迅速地完成各种活动。

总之，人内在的心理与外在的行为有着密切的对应关系，我们不仅可以根据所给予的刺激来预测人的行为，也可以根据人所表现出来的行为来推测人的心理。因此，心理学家在研究人内在的心理现象时，往往也研究人外在的行为反应，并通过探讨心理与行为的关系，来全面准确地理解人的心理活动及其规律。因此，心理学有时也叫行为科学，即通过对行为的客观记录、分析和测量来揭示人的心理现象的规律性。心理学除了研究人的意识外，还研究人的无意识。人的绝大多数活动是有意识支配的，也有一些是无意识的（如笔误、做梦等）。通过对意识和无意识的研究，能更全面地把握人的心理现象。

心理过程、个性心理和心理状态既有区别又密切联系。个性心理和心理状态是在个体的心理过程中形成和表现出来的；反过来，认知、情感和意志活动也受个性心理和心理状态的影响和制约。个性心理和心理状态之间也有密切联系。个性心理是个体经常、稳定的特征，心理状态是相对可变的、流动的。如果某类心理状态（如漫不经心）经常反复出现，并且持续时间越来越长，那么这种心理状态就会转化为这个人的个性心理（粗心大意的人格特征）。而个性心理又会影响心理状态。如内向、顺从的人受到挫折时多半会产生内疚、自责等心理状态，而机灵活泼、自信心强的人面对挫折往往泰然自若。

（二）心理活动的本质

1. 心理是脑的机能

生理心理学和神经生理学研究表明，动物在进化中产生了神经结构这一物质基础之后，就有了心理机能；而且随着进化，动物越高等，脑的结构越复杂化，心理活动也相应地更加发展和复杂。

随着脑的发育和复杂化，心理也相应发展。人在出生时，虽然已经具备了人所特有的解剖生理机制，为以后的心理发展提供了可能性，但是还没有成熟。只是随着脑的发育成熟，心理活动才丰富起来。如脑的重量变化，新生儿为 390 克，8~9 个月的婴儿为 660 克，2~3 岁的幼儿为 900~1011 克，6~7 岁的儿童为 1 280 克，9 岁的儿童为 1 350 克，12~13 岁的少年的脑平均重量已经和成人差不多了，达到 1 400 克。随着脑的重量的增加，人的心理也由最初的听觉、视觉发展起来，逐渐产生了知觉和表象，后来又产生了言语和思维；而无脑畸形儿生来就不具有正常的脑髓，因而不能产生思维，最多只能有一些最低级的感觉，如关于饥渴的内脏感觉等。这些都证明了大脑的先天发育与健全是人的心理发生与正常发展的物质基础。脑的生理研究证明，任何一种心理活动都和脑的一定部位有关。临床观察发现，任何脑部位的损伤，在其生理机能变化的同时也发生心理变化。现在，我们已能用脑电图来记录脑中产生的生物电流从而判断人的心理状态的变化。例如，人在思维的时候，大脑会发生脑电波的变化。人脑受到损伤，就不能进行正常的心理活动；脑的某一部分受到损害，与之相应的某种心理活动就受到阻碍。例如，大脑的额叶损坏就会引起智力的降低和性格的破坏，使一个本来温和宁静、有理智的人变成粗野急躁、不能自制的人。以上表明：脑是心理的器官，心理是脑的产物，心理是脑的机能。离开脑这一物质基础，任何心理现象都不会发生。

2. 心理是对客观现实的主观能动的反映

首先，物种进化、个体发育、生理研究、临床观察都说明心理活动是脑的高级机能的表现，任何心理活动都产生于脑。但是脑不能独立地产生心理，必须在客观事物作用于它时，才能实现反映机能，产生心理。人的心理是在人的活动过程中，通过人与客观现实相互作用产生和发展的。人脑产生心理是自生自发的吗？不，人脑不是从母胎里就自然地带来了心理活动的。如果一个人脱离了社会生活，失去了社会实践的机会，是不可能有心理活动的。

人类长期的生活实践证明：人只有在现实的社会生活的种种实践活动中，外界的事物作用于感觉器官，传达到脑，引起脑的生理活动才能产生和发展心理。感觉、思维、意志、兴趣等一切心理都是客观世界对人的影响，通过脑的活动而产生的反应。离开了客观现实对脑的作用，离开了由此而引起的脑的反应活动，就谈不上心理的产生。例如，简单的吃饭、喝水，也是由于机体的物质需要，通过头脑而知觉到饥渴和饱足的心理活动。又如，"举头望明月，低头思故乡"的诗情画意，乃是月亮和故乡的客观景物通过诗人李白的头脑，引起回忆和想象而反映出来的思想感情。总之，心理意识是客观世界的反映，客观世界是心理意识的源泉。

其次，心理活动还是对现实的一种主观反映，是人主动地、有选择地对外界事物反映的结果。客观事物是心理的源泉，脑的机能在于反映客观事物并在头脑中形成主观的印象。现实中有老虎，脑中才有老虎的印象；现实中有牡丹花，脑中才有牡丹花的印象。实质上，人的情感、兴趣、信念、能力、性格等，也都是客观世界的反映，只是反映形式不同而已。

人脑对客观世界的反映不像录音机和录像机那样直接地复写。人的心理意识具有主观能动性。其特点表现在两个方面：首先，人们已有的知识经验、个性特点和当前心理状态等在反映事物中起重要作用，它们影响着反映，使反映带有个人主观特点，形成人与人之间的个别差异。例如对同一事物，不同的人会有不同的评价，即使同一个人对同一事物在不同的时间、地点、条件下也会有不同的反映。其次，人的心理活动对自己的行为，对实践活动有支配和调节作用。马克思说过："蜜蜂建筑蜂房的本领，使人间的许多建筑师感到惭愧。但是，最蹩脚的建筑师从一开始就比最灵巧的蜜蜂高明的地方是他在用蜂蜡建筑蜂房以前，已经在自己的头脑中把它建成了。"这说明人不像动物那样消极被动地去适应环境，仅仅满足生物本能的需要。人能在知识、经验、需要、动机、愿望的推动下，按照计划和方案，有目的地改造自然，改造社会，创造物质和精神财富，满足自己的各种需要。

第二节　大学生常见心理问题及症状

一、大学生心理健康现状

1. 大学生心理发展的总体趋势是健康的

我国大学生的心理健康状况是呈"中间大，两头小"的正态规律分布的。一般来说，人的心理健康状况分为常态、轻度失调（心理健康问题）和病态三种。我国在校大学生心理健康状况以常态为主，表现为活泼开朗、精力充沛、求知欲强，对未来充满信心等。但这类人群，偶尔有点小情绪，这也是正常的。也就是说，大多数大学生的心理是健康的，这是主流。

2. 大学生心理健康的主要问题是成长和发展中的矛盾

大学生群体中大部分人心理是比较健康的，有一般心理困扰，如恋爱、学习、交往问题的占 20%~30%，对正常学习生活明显产生影响、有严重困扰的占 7%~8%，患精神疾病的不到 1%。绝大部分学生不是心理障碍，而是走向成熟成长过程中出现的心理困扰，如果主动关注、及时调节、加以引导，这些成长中的问题是可以克服的。

3. 各年级学生心理健康存在差异

一年级主要是新生适应不良问题，如人际关系、生活、学习方法等的不适应。二年级学生的心理问题最多，如人际关系问题、恋爱问题、评定奖学金问题；心理问题发生率在大学中最高。三、四年级恋爱情感问题比较突出，升本、考研、就业压力提前，对未来规划、职业选择等问题也比较突出。是继续升学还是工作，如何选择？高年级学生在思考自己的前途，由此产生困惑。

4. 大学生是心理障碍的高发人群

大学生成长阶段是人生的特殊、迷惘期，大学生正进入成年人的社会角色，但对社会、家庭而言，因其经济不独立，实际上仍是"未成年人"，面临学业、就业、学费等压力及人际关系、爱情等成长的烦恼和困惑，容易角色错位。大学生心理障碍常表现为偏执、自负、多疑、焦虑、冷漠、狭隘与狂妄。据调查，在校大学生中出现心理障碍倾向者的比例有 30%~40%，其中存在较严重心理障碍的大学生约占学生总数的 10%。大学生中有抑郁、焦虑、社会恐惧、自卑、过分依赖、神经衰弱等心理疾病的人数要高于一般的社会青年，这说明大学生是心理障碍高发人群。这些情况表明，我国大学生存在心理问题的形势是严峻的，对部分学生来说，形形色色的心理问题直接影响他们学业的顺利完成。

二、大学生常见的心理问题

大学生常见的心理问题主要表现在环境适应问题、学业压力引起的焦虑、人际关系障碍、与恋爱和性有关的心理困扰、与择业求职有关的心理困扰等。

1. 环境适应问题

在大一新生中较为常见。当代大学生为了在激烈的高考竞争中取胜，几乎全身心投入学习，一旦从中学到大学的环境发生改变，离开了长期依赖的家长和老师，面对新的集体、新的生活方式、新的学习特点，一些学生便出现了独立与依赖的矛盾。有的学生来到这个新的环境后，会发现原先的预期与现实的大学生活存在较大的差距：有的在学习上存在困难，有的对专业的满意度不高，有的缺乏独立生活的能力，有的因地域差异而觉得与现实环境格格不入，有的面对内容丰富的大学社团活动不知如何选择，有的在完成进入大学的目标后暂时丧失了新的学习和生活目标。总之，由于个体适应能力的差异，其中一些大学新生会出现因环境变化而造成的适应困难，进而情绪低落，出现心理问题。新生的适应问题若未得到及时处理，有可能发展成较严重的心理问题，如神经衰弱、焦虑症、抑郁症、网络成瘾，等等。

2. 学习问题

大学生常见的学习问题主要表现为：学习目的问题、学习动力问题、学习方法问题、学习态度问题，以及学习成绩差，等等。大学期间，学习往往不再如高中阶段那样得到绝大多数人的重视，目的不明确、动力不足、态度不好构成了学习问题的主要方面。

3. 人际关系问题

如何与周围的同学友好相处，建立和谐的人际关系，是大学生面临的一个重要课题。同高中阶段相比，大学生对人际关系问题的关注程度超过了学习，也成为大学生心理困扰的主要来源之一。人际关系问题常常表现为难以和别人愉快相处，没有知心朋友，缺乏必要的交往技巧，过分委曲求全等，以及由此而引起的孤单、苦闷、缺少支持和关爱等痛苦感受。

4. 恋爱与性心理问题

大学生处于青年中后期，性发育成熟是重要特征，恋爱与性问题是不可避免的。一般包括单相思、恋爱受挫、恋爱与学业关系问题、情感破裂的报复心理等。由于相当一部分大学生的爱情价值观还不成熟，往往凭着自己青春期的冲动，把任何事物都看得很美好，一旦遇到问题，往往没有准备，难以承受。另外，在大学里，常常有这样的现象，同学之间相互影响，比如同宿舍的人都有男（女）朋友了，但是自己没有，于是形成心理落差，情绪不稳定。有的失恋后沉浸在痛苦的情绪中，无法自拔，荒废了学业，整个人萎靡不振，甚至引发抑郁症等严重的心理问题。

5. 性格与情绪问题

性格障碍是大学生中较为严重的心理障碍，其形成与成长经历有关，原因较为复杂，主要表现为自卑、怯懦、依赖、神经质、偏激、敌对、孤僻、抑郁等。

6. 求职与择业问题，是高年级大学生常见问题

在跨入社会时，大学生往往感到很多的困惑和担忧。如何选择自己的职业，如何规划自己的生涯，求职需要些什么样的技巧等问题，都会或多或少给大学生带来困扰和忧虑。

7. 神经症问题

长期的睡眠困难、焦虑、抑郁等都是神经症的临床表现症状。

第三节 大学生心理健康教育的意义及影响因素

一、加强大学生心理健康教育的意义

如果没有健康，智慧就难以表现，文化无从施展，力量不能战斗，财富变成废物，知识也无法利用。有了健康就有了希望，有了希望就有了一切。健康是人生的第一财富。对作为天之骄子的大学生来说，心理健康更是学业成就、事业成功、生活快乐的基础。

1. 心理健康是身体健康的保证

人的生理活动和心理活动是密切相关、相互依存的，不存在无生理活动的心理活动，也不存在无心理活动的生理活动。生理健康是心理健康的基础，而心理健康反过来又能促进生理健康。有关研究表明，人体内有一种最能促进身体健康的力量，即良好的情绪的力量。如果善于调节情绪，经常保持心情愉快，可以达到未雨绸缪、有病早除的效果。一切对人不利的影响中，最能使人短命和夭亡的是不良的情绪和恶劣的心境。人们都有这样的经历：当生理上出现问题，会情绪低落、焦躁不安、容易发怒；而当面临某种压力（如考试）紧张焦虑时则会食而无味、胃口大减、头痛、失眠。研究表明：情绪主宰健康。强烈或长期的不良情绪，如烦躁、忧愁、焦虑、多疑、愤懑、冷漠、恐惧、失望等，会导致生理疾病。

2. 心理健康是人全面发展的基石

21世纪是知识经济的时代，是健康的、高素质的、创造性人才的时代，在这样一个时代，人们不得不面临许多前所未有的机遇与挑战、希望与梦想、压力与磨砺以及焦虑、抑郁、悲观、孤独等各种心理上的困扰。健康的人生始于健康的心理，心理健康对大学生的成长具有举足轻重的意义。一方面心理健康是大学生实现人生理想和成才目标的前提，另一方面心理健康是大学生实现全面发展的基础。健康的心理品质是大学生全面发展的基本要求，也是将来走向社会，在工作岗位上发挥智力、积极从事社会活动和不断向更高层次发展的重要条件。德智体美劳等方面的和谐发展，是以健康的心理品质为基础的，一个人心理健康状态直接影响和制约着其全面发展的实现。

3. 心理健康是提高独立意识的途径

独立意识，也叫独立感，是指个体希望摆脱监督和管教的一种自我意识倾向。进入大学后，挣脱了父母、中学教师的管教和约束，大学生意识到自己渴望独立的愿望实现了，他们强烈地要求摆脱依赖性和幼稚性，独立地安排自己的学习和生活，积极组织并参与各种社会活动：要求取得与成年人同等的权利；他们关心国家大事，对国家和社会的进步有很强的责任感，时时以国家的主人自居。但跨入了大学，进入了一个全新的生活天地，与独立意识紧密相随的是大学生的依赖性。大学生自认为已长大成人，处处表现出强烈的独立自主的愿望和行为。但是，独立意识是建立在个体独立生活能力和社会经验上的，而这两点却正是当代大学生所缺少的。大学生的"独立"只能是相对的独立，还不能彻底独立，"依赖性"还要伴随他们一段时间。依赖心理和独立意识的矛盾是大学生最突出的心理冲突。这种矛盾如果处理不好，往往会影响到大学生的心理健康，严重者还会造成心理疾患。因此，大学生必须注重心理健康，尽快克服依赖性，增强独立性，积极主动适应大学生活，培养自立、自强意识，度过充实而有意义的大学生活，才能为以后的成功打下坚实的基础。

4. 心理健康是完善个性心理的需要

大学生的个性心理特征，是指在心理上和行为上经常、稳定地表现出来的各种特征。大学生进校时，从个体心理的发展状况看，在思维上，抽象逻辑思维已由"经验型"向"理论型"过渡：由形式逻辑思维向辩证逻辑思维过渡。他们喜欢进行比较系统的理论论证，思考中追求一定的理论深度，对事物因果规律的探讨越来越感兴趣，思维的独立性、批判性、灵活性、敏捷性进一步增强，但由于大学生的社会经验不足，识别能力不强，所以在观察事物、分析问题时，主观性、片面性、固执、过于自信等偏颇还时有发生。在情感上，其社会性越来越深刻，道德感、理智感和美感的发展均趋于成熟。大学生情感的显著特点是情绪动荡、热情而富有体验，猛烈而短暂的激情占优势，遇事容易激动、忽冷忽热的现象依然存在。在情绪的表现方面，外显性与内隐性并存，这种并存局面有时会造成较大的心理冲突；一些大学生在恋爱问题上也容易出现烦恼和挫折，这种情况亟须正确的引导和帮助，否则容易出现心理失衡，影响正常的学习和生活。在个性和社交上，大学生的自我意识和自我教育能力较中学时期有更大的发展。他们更为关切"自我"形象，独立感、自尊心和自信心十分强烈。自我分析、自我评价、自我监督、自我调控的能力有较大提高，但大学生在自我意识的发展中还存在不少矛盾，自我教育的自觉性和稳定性也有较大的个别差异。他们的理想也由直观、不稳定向抽象概括和逐渐稳定方向发展。大学生的理想是丰富多彩的，许多人开始把个人和生活理想、职业理想和社会理想联系起来。这是大学生理想发展的主流。但也有人目光短浅，他们的理想仅仅停留在生活理想和职业理想方面，讲实惠、图享乐。这种情况值得高度重视。

总结大学生心理发展过程，可以观察到，大学阶段是大学生从半幼稚、半成熟时期逐步走向成熟的紧要关头，也是个性塑造的关键时期。这个时期，他们的性格即将定型，人生观和世界观正逐步形成与发展。抓住这一关键时期，积极促使他们的个性品质向着健全的方向发展，努力防止或克服各种不良的个性倾向，对维护大学生的心理健康至关重要。

5. 心理健康是健全人格的保障

人格残缺、心理畸形，这对社会的危害性很大。大学生如能拥有健康的心理，就会慢慢养成稳定、相对健全的人格，同时，健全的人格也是心理健康的内容之一。两者相辅相成，和谐统一。如果一个一向乐观、开朗、热情的大学生突然变得悲观、沉闷、消极，那可能是他的心理出现问题了。人格是一个人所具有的稳定的心理特质的独特综合。人格完整是指一个人的心理和行为能够做到和谐统一。心理健康者往往会形成完整人格，他的人格要素没有明显的缺陷和偏差，人格构成也相对稳定。这样的大学生才可称得上真正的天之骄子，在全社会范围内，在将来的不同工作岗位上，可以起到一定的表率作用。

6. 心理健康是迈向成功的阶梯

生命的成功或失败、快乐或悲伤、圆满或坎坷，很大程度上是由"心态"造成的。因而，无论何时何地都要保持正确的心态，这是心理健康的秘诀。

大学生作为社会上最活跃、最有知识的人群，他们的生理和心理处在迅速的变化之中，处于成熟与不成熟之间。而现实生活中，大学生又面临着竞争、社会责任等各方面的压力。随着社会的发展，人们所承受的心理负荷也会相应增加，人们所感受到的矛盾和冲突也会增加，同时大学生生活中的人际关系的复杂化等不良应激性刺激也对大学生个体构成心理压力。如果个体不能做出适应性反应，就可能引起心理均衡失调，引起一系列负面情绪表现，如迷茫、烦躁、失望、忧虑、悲伤、恐惧、愤怒和失望等。这些状况持续下去，就可能导致心理障碍、行为异常。心理健康对大学生有效地抗御心理疾病、提高学习效率、完成学习任务、提高人际交往水平和生活质量，有着重要的作用。现实生活中每个人都应对自己的健康负责，积极地通过各种途径提高自己的心理健康水平。我国大学毕业生就业问题已经成为很多大学生最主要的压力源之一，就业的竞争必然会使大学生心理上产生困惑和不安定感。因而，新形势下的大学生要注意保持心理健康，培养自立、自强、自律的良好心理素质，锻炼自己的社会交往能力，使自己在变化复杂的社会环境中正确抉择，敢于面对困难、挫折与挑战，追求更加完美的人格，为事业成功奠定坚实的心理基础。

二、影响大学生心理健康的因素

总的来说，人的心理世界与外部的客观世界之间时刻保持着十分紧密的联系，自身身心条件和外部客观条件，同时对一个人的心理健康产生极为复杂的影响和作用，人始终处于由自然环境和社会环境共同构成的庞大系统之中，而这一系统对人的心理健康的影响也十分复杂，要坚持用系统论的观点来看待这一影响。这些影响因素大致可以分为以下三个方面。

（一）个体自身因素

1. 生理因素

影响大学生心理健康的生理因素主要是指个体的身体健康状况，个体有无身体上的缺陷和疾病，以及身高、体重等外显的生理指标是否严重偏离平均水平。例如，一些学生身体有残疾，较容易产生自卑心理，临床中常见一些青年学生由于长期长青春痘而感觉自卑甚至抑郁，一些学生由于身材较矮或者太高也会倍感压力。一方面，身体外貌的状态会对一个人的心理造成直接影响；另一方面，处于大学阶段的青年人，由于自我意识的高涨对自身身体和外貌的重视，也导致了身体因素对大学生心理健康影响显著。

2. 个人的认知、情感和行为因素

个人的认知风格、情绪和情感的状态以及行为习惯，都会对个体的心理健康产生影响。认知风格也称认知方式，是指个体在认知过程中所表现出来的习惯化的行为模式。认知风格与智力无相关或相关不显著，大多是自幼所养成的在知觉、记忆、问题解决过程中的态度和表达方式。认知风格是认知过程中的个体差异，具有跨时间的稳定性和跨情境的一致性，并且具有两极性和价值中性等特点。认知风格种类繁多，如场独立型和场依存型、思索型和冲动型、整体型和分析型。例如，场独立型的学生在处理和解决问题时通常习惯于通过自己的努力和思考来达到目标。场依存型的学生更多借助于别人的建议和帮助。再比如情绪和情感状态，有的人情感细腻，有的人情感粗放。行为习惯包括一个人的生活习惯、行事风格等。这些都会对个体的心理健康产生影响和作用。

3. 个人的气质和性格因素

（1）气质因素

气质是表现在心理活动的强度、速度、灵活性与指向性等方面的一种稳定的心理特征。人的气质差异是先天形成的，受神经系统活动过程的特性制约。孩子刚一落生时，最先表现出来的差异就是气质差异，有的孩子爱哭好动，有的孩子安静平稳。

气质只给人们的言行涂上某种色彩，但不能决定人的社会价值，也不直接具有社会道德评价的含义。气质不能决定一个人的成就，任何气质的人只要经过自己的努力，都能在不同的实践领域中取得成就，但也可能成为平庸无为的人。

气质是人的个性心理特征之一，它是指在人的认识、情感、言语、行动中，心理活动发生时力量的强弱、变化的快慢和均衡程度等稳定的动力特征。主要体现在情绪体验的快慢、强弱、表现的隐显，以及动作的灵敏或迟钝等方面，因而它为人的全部心理活动表现染上了一层浓厚的色彩。

（2）性格因素

性格是一个人在对现实的稳定的态度和习惯了的行为方式中表现出来的人格特征，它表现一个人的品德，受人的价值观、人生观、世界观的影响。这些具有道德评价含义的人格差异，我们称之为性格差异。性格是在后天社会环境中逐渐形成的，是人格的核心差异。性格有好坏之分，能最直接地反映出一个人的道德风貌。

（二）环境因素

1. 家庭环境

（1）父母亲的心理状态

作为个体生命中的重要他人，父母亲各自的心理状态，包括父母亲的认知、情感和行为等方面的表现，以及父母亲的脾气、性格、人生观、价值观等，对个体心理的发育和健康有着极其重要的影响。

（2）家庭结构

家庭结构，包括家庭成员的结构，家庭成员之间的互动交流模式，家庭能够为个体提供的情感支持等方面。独生子女家庭、单亲家庭、祖孙同堂等不同的家庭结构，对个体的心理健康会有不同的影响。子女与父母亲之间能否存在有效的、健康的交流模式，对个体心理健康也具有十分显著的影响。来自家庭的情感支撑，是维护大学生心理健康的重要保证。研究表明，婚姻是家庭中的主要关系。有研究从父母关系与青少年心理健康关系的分析中得到启发，将父母之间的不良婚姻关系对青少年的心理健康的影响归结为两点：其一，不健康的父母关系会造成孩子的不良人格特征。父母关系好的青少年与父母关系不好的青少年相比，在人格特征上有更多的优越性。其二，婚姻关系制约着父母与子女之间的相互作用。婚姻失和、家庭不睦，父母处于心理重压之下，苦闷不安，势必影响亲子关系的质量。

（3）家庭的经济情况和社会地位

大学生的家庭经济状况、生活背景，来自农村或者城市等内容，都会间接影响大学生的心理状态。

（4）父母亲的教养方式

所谓教养方式是指父母在抚养、教育子女的活动中使用的方法和形式，是父母各种教养行为的特征概括，是一种具有相对稳定性的行为风格。

家庭教养方式分为两个维度，即要求性和反应性。要求性指的是家长是否对孩子的行为建立适当的标准，并坚持要求孩子去达到这些标准。反应性指的是对孩子和蔼接受的程度及对孩子需求的敏感程度。根据这两个维度，可以把教养方式分为权威型、专制型、溺爱型和忽视型四种。大量研究表明，父母的教养方式与大学生心理健康具有十分紧密的关系。

国内对父母教养方式的分类也各不相同，最常见的是，将父母的教养方式分为放纵型、溺爱型、专制型和民主型。实证研究表明，父母的强迫行为、过分控制与青少年心理健康水平较低之间是相关的。权威型父母教养方式与青少年大范围内的心理与社会优势有关，正如在童年早期及中期一样。父母教养方式与高中生抑郁情绪相关研究分析得出结论：父母教养方式对子女的焦虑、抑郁情绪有显著影响。

2. 学校环境

近年来，大量的心理学研究表明，学校环境对青少年心理健康的影响十分显著，学校环境与青少年心理健康的关系研究发现，师生关系的冲突性维度可以预测青少年的心理问题，也就是学生与老师之间的关系是否和谐，是否存在显著的冲突，对青少年的心理健康状况具有十分重要的影响。此外，来自学业以及就业的压力与大学生心理健康的关系也十分密切。

3. 社会环境

所谓社会环境，就是指我们所处的社会政治环境、经济环境、法制环境、科技环境、文化环境等宏观因素。社会环境对我们的心理状态乃至人生发展都有重大影响。狭义的社会环境，仅指人类生活的直接环境，如家庭、劳动组织、学习条件和其他集体性社团等。社会环境对人的形成和发展进化起着重要作用，同时，人类活动给予社会环境以深刻的影响，而人类本身在适应和改造社会环境的过程中也在不断变化。

（三）早期经验以及个人重大成长经历

影响一个人心理健康的因素除了自身条件和环境条件之外，更直接的是二者的交互作用对人的心理状态的影响，这主要体现为一个人早期经验以及个人重大成长经历。心理学中精神分析学派的研究不断支持这一论断。

早期经验主要指的是一个人出生以后到三岁之前与主要养育者之间发生的关系和互动，强调的是婴儿在与主要养育者的互动中形成的感受和体验。一个粗心大意的母亲，不能及时察觉婴儿的需求，婴儿会反复体验消极、负面的情绪，长期以来，会将此种情绪内化为一种潜意识的体验，并导致成年后有可能产生心理疾病的症状。重大成长经历包括被遗弃、重要亲人的丧失以及其他可能造成重大心理创伤的情况。

必须强调的是，影响大学生心理健康的以上因素，并不是平行地对大学生心理健康产生影响，而是不同程度地产生影响。从里到外来说，影响大学生心理健康的最直接因素是大学生自身的生理和心理状态，其次是家庭因素，再次是学校因素，最外层是社会因素。

这类似一个球形系统，越是外围的因素对心理健康的影响越是间接的，是经过内层因素处理和过滤之后发挥作用的。

三、大学生心理健康教育的途径和方法

（一）心理健康的基本原则

1. 客观性原则

客观现实是健康心理教育的源泉，大学生健康心理的培养必须从大学生生活的校园环境、社会背景以及相互之间的关系出发，结合大学生的实际，才行之有效。

2. 发展的原则

一切事物都有产生、增长、变化和进步的过程，大学生在校期间，从带有中学生特点的青年中期到接近成年人的青年后期，是一个发展成长的过程，他们的生理、心理都在迅速发展，所以必须以发展的原则，分层次、分对象、分特点地进行心理健康教育。

3. 理论联系实际的原则

理论联系实际是每一门学科都应该遵循的原则。健康心理学是一门应用性很强的学科，也是一门年轻的学科，需要在理论上深入探索，不断总结实践经验来充实理论，丰富实践的内涵，进一步完善健康心理学这门学科。

4. 系统性原则

心理健康教育是一个系统性工程，从教育的内容、教育的方法、教育的手段看都不是孤立的，单靠课堂讲授或心理咨询是远远不够的，要多层次、多形式、多内容地开展心理健康教育。

5. 教育性原则

心理健康主要是为高等学校人才培养服务，为我国的科学技术培养合格的、身心健康的人才。

（二）增进心理健康的途径和方法

1. 实践法

通过开设心理健康教育课程和相关课程，以课堂讲授为主，对学生系统地讲授心理健康知识，如《大学生心理卫生学》《大学生心理学》《社会心理学》等课程；定期举办心理健康讲座，有针对性地宣传心理健康知识，如《新生心理适应》《考试心理》《如何走上社会——毕业生心理》等；开设心理训练实践课程，以训练学生心理行为为主，如《大学生行为指导》课程，深受同学们的喜欢。

通过学校的传媒手段普及心理健康知识。可利用大学生黑板报、校内交流刊物、广播、网络等，宣传心理学知识，造成声势，扩大影响。

发动学生自我教育，自我保健。成立大学生心理健康教育自助性组织，积极开展丰富多彩的心理健康教育活动，如心理健康教育周，大型心理咨询活动，组织各类宣传活动，校园情景剧大赛，以及开展同龄人帮助，如朋辈咨询。

做好积极的心理干预，建立三级保健网络，即班级（学生保健员）—系级（班主任）—校级（心理中心）之间的联系，定期培训学生心理保健员和班主任，普及心理保健知识，以积极地预防保健为主。

2. 调查法

开展新生心理普查，建立新生心理档案，掌握新生心理健康状况，为高校人才培养、德育工作提供依据；特殊的学生要给予跟踪关怀。

专题调查为心理健康教育提供依据，如"大学生心理健康现状调查""贫困生心理状况调查""大学生睡眠状况调查""优秀大学生心理健康调查"等。

3. 访谈法

（1）做好心理咨询，在帮助大学生自我调节的同时，心理压力大的学生可以通过心理咨询的专业帮助，经过交谈、协商、指导、领悟，帮助学生达到自助的目的，走向健康。心理咨询可以采用个别咨询、团体咨询的方法，进行必要的心理治疗。

（2）对新生在进行心理普查的基础上，约请有关同学了解进校后情况以及周围同学情况，给予其及时帮助。

（3）走访年级导师、班主任，针对学生普遍问题，采用开放式的问答方式，开展小型心理健康讲座，帮助学生共同成长。

心理健康教育的途径和方法很多，要在实践的基础上不断地总结，不断地完善，不断地提高。

第二章　大学生心理健康教育理论指导与发展特征

第一节　大学生心理健康教育理论指导

一、马克思主义观的教育基础

在马克思主义博大精深的理论体系中，既没有对人类心理世界的专题研究，也没有对心理学及人类心理现象进行明确论述的篇章。然而，在马克思主义理论体系，尤其在马克思主义认识论及唯物史观的伟大篇章中无不闪烁着探索人类心理世界丰富奥妙的熠熠光辉。

人的心理究竟是一种什么样的现象？它的产生、本质如何？这些问题的解答始终与哲学的根本问题紧密联系着，历来存在唯心主义与唯物主义、形而上学与辩证法的斗争。因此，也就存在着本质不同的心理观：唯物主义心理观、唯心主义心理观及机械唯物主义心理观。恩格斯指出："全部哲学，特别是近代哲学的重大的基本问题，是思维和存在的关系问题。"恩格斯从两个方面予以阐述：一是思维和存在何者为本原的问题。他说："哲学家依照他们如何回答这个问题而分成了两大阵营。凡是断定精神对自然界来说是本原的，从而归根到底承认某种创世说的人，组成唯心主义阵营。凡是认为自然界是本原的，则属于唯物主义的各种学派。"二是思维和存在同一的问题。即"我们关于我们周围世界的思想对这个世界本身的关系是怎样的？我们的思维能不能认识现实世界？我们能不能在我们关于现实世界的表象和概念中正确地反映现实？用哲学的语言来说，这个问题叫作思维和存在的同一性问题"。很显然，马克思主义心理观认为物质第一、精神第二，物质决定精神，精神是物质的能动反映，人的现实存在决定人的主观意识。人的心理是在实践基础对客观世界的能动反映。因此，马克思主义心理观是科学的辩证唯物主义心理观。它与唯心主义心理观和机械唯物主义心理观有着本质的区别，唯心主义心理观过分夸大精神的能动作用，认为人的意识决定人的存在，人的本能在人类心理现象中起着决定作用，如弗洛伊德精神分析对情欲及其作用的突出强调。机械唯物主义心理观只是从客体的或直观的形式去理解心理现象，只是从抽象人性出发，过分夸大人的趋利避害、趋乐避苦的本能。只有马克思主义心理观从实践的视角引入，既从"现实的历史的个人"出发，又充分肯定社会存在决定社会意识；既把社会心理看作社会意识，又不把社会心理夸大、凌驾到理性思想之上；既肯定它是思想品德的前提、基础条件，又指出它与世界观、人生观、价值观的紧密联系；既反对把一切心理问题夸大为思想、品德问题，又反对把一切思想问题降低为心理问题。因此，只有马克思主义科学的辩证唯物主义心理观才能对人的心理产生、发展及其本质给予科学的解答。

在马克思主义理论著作中，直接提及"心理"或"心理学"词语的章节片段屈指可数。比较有代表性的当数马克思在《1844年经济学哲学手稿》中的经典论述："我们看到，工业的历史和工业的已经生成的对象性的存在，是一本打开了的关于人的本质力量的书，是感性地摆在我们面前的人的心理学；对这种心理学，人们至今还没有从它同人的本质的联系，而总是仅仅从外在的有用性这种关系来理解……如果心理学还没有打开这本书，即历史的这个恰恰最容易感知的、最容易理解的部分，那么这种心理学就不能成为内容确实丰富的和真正的科学。"在此，马克思直接选用"心理学"一词来表述自己的思想，虽然马克思所言及的"心理学"与今日我们所认可的"心理学"一词的普遍意义有一定差距，但作为一门学科的同一表述，其思想内涵在本质上应是一致的。马克思这段经典表述，是马克思主义唯物主义心理观的直接反映，即存在决定意识，心理（包含认识）是人们在实践基础上对客观世界的能动反映。对此，我们可以从两个方面予以理解：一是实践是马克思主义心理观的核心。"工业的历史和工业的已经生成的对象性的存在"是人类能动创造的实践活动即人类本质力量的外在物态表现，是客观物质化了的主观的东西，凝聚着人类对自然界认识、改造和征服的智慧结晶，作为人类主观活动的心理学应当从这里来解释人类认识现象的发生和发展。这样，这门心理学才能最终摆脱"它的抽象物质的或者不如说是唯心主义的方向"，成为"内容确实丰富的和真正的科学"。二是社会历史性是马克思主义心理观的本质特性。社会历史现实是人类心理反应的主要内容，人的心理问题首先是一个自然问题，但更是一个社会历史问题。研究心理学不应是纯粹的自然科学，还要从社会学出发，"自然科学往后将包括关于人的科学，正像关于人的科学包括自然科学一样：这将是一门科学"。那么，考察人类的心理问题、心理现象也应从社会历史现实"这个最容易感知的、最容易理解的部分"去分析。因此，对马克思主义心理观的阐述，本节拟从实践和社会历史性两大方面予以把握。正如马克思所言，哲学必须向实践转变，必须积极地作用于现实，思想只有通过它对周围环境的能动行为并与此相联系，才能获得自由，"一个本身自由的理论精神变成实践的力量，并且作为一种意志走出阿门塞斯的阴影王国，转而面向那存在于理论精神之外的世俗的现实——这是一条心理学的规律"。

（一）实践：人类心理产生发展的基础和条件

1. 心理的本质：人们通过大脑对客观现实的主观反映

心理是什么？对此，恩格斯做了明确答复："我们的意识和思维，不论它看起来是多么超感觉的，总是物质的、肉体的器官即人脑的产物。"人的心理、意识是人脑这块"按特殊方式组成的物质的高级产物"，是人们对现实世界的主观反映。现实世界的特点在于它的客观实在性，而心理则是"物的复写、摄影、摹写、镜像"，即物的映象。心理是人们对客观现实的反映，是人所特有的高级反映形式。心理是物质世界长期进化的结果，随着物质形态从低级向高级的演化，物质的反映形式也相应地由低级向高级不断发展，"以明显形式表现出来的感觉只和物质的高级形式（有机物质）有联系，而在物质大厦本身的基础上，只能假定有一种和感觉相似的能力"。如思维、意识这样的高级反映形式只是人类心理所独具的反映特性。人类心理是动物心理发展的继续，但与动物心理有着本质区别。在人类心理发展的进程中，一方面，固然要受生物规律的支配，因为"人是自然界的一部分"；另一方面，人类心理的产生和发展更是人类劳动的产物，劳动在人类心理发展过程中起着决定性作用，"劳动创造了人本身"。

2. 人类心理的形成：在社会实践中产生和形成

首先，心理的物质器官——大脑产生于社会实践。人脑的形成与发展和人类社会生产的发展、社会物质文化的进步相一致，它不仅是劳动和社会发展的标志，也是劳动和社会的产物。马克思写道："劳动首先是人和自然之间的过程……为了在对自身生活有用的形式上占有自然物质，人就使他身上的自然力——臂和腿、头和手运动起来。当他通过这种运动作用于他身外的自然并改变自然时，也就同时改变他自身的自然。"这种改变不同于动物改变自身结构及活动方式对自然环境的被动适应，而是通过人做出的改变来使自然界为自己的目的服务，来支配自然界。人类通过劳动开始对自然界统治，在这个过程中，一方面，劳动促使人类大脑皮质更加迅速地发展起来，产生了动物所没有的新的机能区，为人类心理现象的产生奠定了坚实的基础。另一方面，劳动使人类更加紧密地结合起来，已经到了彼此间有些什么非说不可的地步，需要产生了人类的器官，于是语言就"从劳动中并和劳动一起产生出来"。语言一经产生，又对人类心理发展起着巨大的推动作用，使人类心理产生了质的飞跃。就这样，首先是劳动，然后是语言和劳动一起，成了两个最主要的推动力，在它们的影响下，猿脑逐渐过渡到人脑，随着脑的进一步发育，同脑最密切的工具，即感觉器官，也同步发育起来。

其次，人类心理是在社会实践中发展形成的。劳动使猿脑变成了人脑，为人类心理的产生提供了物质基础和可能，但只有人脑还不能产生人类的心理现象。人脑只是心理产生的物质器官，但不是人类心理产生的源泉。心理与物质有密切联系，但心理本身并不是物质，不能认为像肝脏分泌胆汁那样。人类心理是在人类认识世界、改造世界的实践活动中形成的特殊机能。社会实践是人类心理产生、发展和变化的根本条件，人类心理在社会实践中发展成一种多水平、多层次、多功能的反映活动系统。

为了科学地论证人脑对客观世界反映的发生和发展，马克思引进了实践概念，认为认识、思想、观念等心理形式是在变革外部事物的社会实践中实现的。人们的认识能力从根本上说是由实践决定的，人们在改造世界的物质生产活动中，"在改变自己的这个现实的同时也改变着自己的思维和思维的产物"。马克思、恩格斯把实践作为认识的基础包含两重意思。一是进入实践的客体，包含着前人实践的智慧和结晶，人的认识具有在实践基础上的代际连续性。旧唯物主义者包括费尔巴哈在内把认识的对象、客体仅仅理解为静止的、原始的对象，而不是当作实践去理解，不是从主观方面去理解。感性世界绝不是某种开天辟地以来就直接存在的、始终如一的东西，而是工业和社会状况的产物，是历史的产物，是世世代代活动的结果，甚至连最简单的感性确定性的对象也只是由于社会发展，由于工业和商业往来才提供的。由人类连续不断的实践而创造的工业的对象性存在，是认识产生发展的现实基础，离开这个基础，人类认识将无以考察，人们只好回到远古时代从制造第一把石斧开始认识世界，人类心理的发展也无从可谈。二是就某一现实的实践活动而言，它是在历史实践基础上形成的人对客观世界新的实践关系。现实的实践是主体改造客体的动态过程，而不是主体直观客体的静态过程。人们对客观事物的超越前人的新的认识，只有通过亲身变革现实的实践活动才能获得。马克思把自然的历史看成是在人类生产实践中从原始自然向人化自然转化、发展的现实自然界，是"通过工作而形成的"，凝聚着人类生产实践活动结果的自然界，其中包括人自身的自然。人的本质是人类自由自觉地创造活动，只有在人类创造活动的能动展开中，那些能确证自己是人的本质力量的感觉如五官感觉、精神感觉、实践感觉才能得以产生和发展。人类心理的发展史是社会实践的历史，并在实践中不断超越的历史。

3. 人类心理发展：发展水平受实践活动水平的制约

马克思、恩格斯曾指出，人们是自己观念、思想的生产者，但思想、观念、意识并不是头脑自生或由"批判的批判"英雄们塞给人们的。思想、观念、意识是人们物质生产与人们之间物质交往的产物，并且"受自己的生产力和与之相适应的交往的一定发展——直到交往的最遥远的形式所制约"。人类心理发展水平是与一定时期人类社会实践活动水平相一致的。

马克思、恩格斯在《共产党宣言》中明确指出："人们的观念、观点、概念，一句话，人们的意识，是随着人们的生活条件、人们的社会关系、人们的社会存在的改变而改变的。"一般来说，新思想、新观念的形成是与新的社会物质生活条件的形成相适应的，"对象如何对他（主体）说来成为他的对象，这取决于对象的性质"。在《德意志意识形态》中，马克思指出："意识在任何时候都只能是被意识到了的存在。""不是意识决定生活，而是生活决定意识。"意识是社会生活的反映，而"社会生活在本质上是实践的"，因此，可以做如下理解，"不是意识决定实践，而是实践决定意识""那些发展着自己的物质生产和物质交往的人们，在改变自己的这个现实的同时，也改变着自己的思维和思维的产物"。正如恩格斯所说："人的思维的最本质的和最切近的基础，正是人所引起的自然界的变化，而不仅仅是自然界本身；人在怎样的程度上学会改变自然界，人的智力就在怎样的程度上发展起来。"人离动物越远，他们对自然界的作用就越带有经过思考的、有计划的、向着一定的和事先知道的目标前进的特征。人化自然界的不断扩大，同人类智力的发展、心理水平的提高是一致的。如科学和技术是物化了的智力，人类在创造或更新劳动工具服务自己的过程中也在扩充着人的认识手段，发展着人的认识能力。随着实践活动手段的改善和对自然规律认识的深化，人类在改造客观世界的同时，也在不断丰富着人类的心理内容。人类心理发展的水平与人的实践活动水平相适应，并随之而提高。

4. 人类潜能的开发：只有在社会实践中才能实现

人类具有发展自己的需求和愿望，人的潜能的实现和发挥既是自然的，也是必要的。"从人的人性中可以看出，人总是不断地寻求一个更加充实的自我，追求更加完善的自我实现。"

首先，人类具有能力形成与发展的潜在"自然力"。人作为自然界物质进化阶梯上最高形式的存在物，机体内蕴藏着巨大而丰富的潜能。马克思指出："人作为自然存在物，而且作为有生命的自然存在物，一方面具有自然力、生命力，是能动的自然存在物，这些力量作为天赋和才能、作为欲望存在于人身上。另一方面，人作为自然的、肉体的、感性的、对象的存在物，和动植物一样，是受动的、受制约的和受限制的存在物……人只有凭借现实的、感性的对象才能表现自己的生命。"这段话表明：一方面，人作为受动的存在，必须借助一定的条件而存在；另一方面，人作为能动的存在，在其肌体内潜藏着天赋的自然力和生命力，这些自然力和生命力是人们生存发展的必备条件，是人们能力形成发展的潜在基础。

其次，人类的天赋潜力只有与实践相结合才能转化为现实的能力。人作为有生命的自然存在物，体内蕴藏着丰富的"自然力、生命力"，要使这些"天赋、才能和欲望"转化为现实的能力，"智能、器官和器官系统极力要活动、表现自己和得到使用与锻炼"，而人类的劳动和实践就是使它们得以使用与锻炼的基本形式，是对人的"自然力"开发和利用的唯一途径。劳动一方面改造着"身外自然"，另一方面也改变"自身的自然"，促进了人类的完善和发展。人类的天赋潜力只有与劳动实践相结合才能转化为现实的能力，正如恩格斯所说："理论思维无非是才能方面的一种生来就有的素质。这种才能需要发展和培养，而为了进行这种培养，除了学习以往的哲学，直到现在还没有别的办法。"

最后，个体能力的形成和发展是社会历史实践的产物。在个体能力形成的问题上，人与动物是根本不同的。动物的各种能力是生物遗传的结果，而人的能力主要是"社会遗传"的结果，是社会历史的产物。由于语言文字的发明和创造，人类个体经验可以离开个体而独立存在，并逐渐积累转化为人类整体的经验；整体的经验又可以通过学习和教育转化为个体经验。这样，它"便把经验的主体从个体扩大到类；每一个个体都必须亲自去体验，这不再是必要的了，个体的个别经验在某种程度上可以由个体的一系列祖先的经验的结果来代替"。即使个人通过自己的活动而取得的成果，也仍然是社会历史的产物，因为"不仅我的活动所需的材料，甚至思想家用来进行活动的语言本身，都是作为社会的产品给予我的，而且我本身的存在就是社会的活动；因此，我从自身做出的东西，是我从自身为社会做出的，并且意识到我自己是社会的存在物"。因此，社会历史文明的成果丰富了人们的知识和经验，从而也极大地推动了个体能力的形成和发展，个人的经验、知识和能力是随着社会的发展而不断向前发展的。

在马克思、恩格斯看来，实践着、思维着的个人活动总是由一定社会关系并且通过生产工具和生产资料、产品等同他人彼此联系的现实的社会活动。马克思、恩格斯承认人具有各自的特点及才能的差别，但他们反对离开现实生活条件来空谈个人的特点和才能，认为人的差别无论有多大，都离不开他所处的现实生活和社会历史条件，个人才能只能在与前代人和同代人的社会联系中，在社会实践所许可的范围内才能实现和发挥。社会历史发展在为个人能力发展提供基础和条件的同时也制约着个人能力的发挥，个人的能力即"他们的力量就是生产力……这些力量只有在这些个人的交往和相互联系中才是真正的力量"。马克思曾说：像拉斐尔这样的个人是否能顺利地发展他的天才，这就完全取决于需要，而这种需要又取决于分工以及由分工产生的人们所受的教育的条件。个体能力的获得和发展直接地由一定时代的生产力发展水平、科学技术的发展状况、社会发展的历史条件所决定。

综上所述，劳动是人类心理产生、发展的基础和根本条件，"劳动创造了人类本身"，劳动产生了"物质的最高的精华——思维着的精神"。因此，马克思强调指出："这种活动、这种连续不断的感性劳动和创造、这种生产，正是整个现存的感性世界的基础，它哪怕只中断一年，费尔巴哈就会看到，不仅在自然界将发生巨大的变化，而且整个人类世界以及他的直观能力，甚至他本身的存在也会很快就没了。"

（二）社会历史性：人类心理的本质特性

1. "现实的历史的人"是马克思主义心理观的前提

在《德意志意识形态》中，马克思明确指出："人们是自己的观念、思想等的生产者，但这里所说的人们是现实的、从事活动的人们，他们受自己的生产力和与之相适应的交往的一定发展所制约。"也就是说，马克思主义心理观的出发点不是抽象的人，而是活生生的"现实的历史的人"。

首先，"人的本质并不是单个人所固有的抽象物，在其现实性上，它是一切社会关系的总和"。人的本质不在单个人之中，也不在对个人的一般的、片面的抽象之中，人的本质只能从历史所提供的，也是现实的社会物质生活条件的总和中寻找，人的本质在社会关系的总和之中。社会关系是一个历史的范畴，人也是历史的范畴、社会的范畴，社会与人互为依存。

其次，人只有参与社会历史活动才能造就人类自身的发展。现实活动着的主体都是存在于社会、与他人的社会关系之中的社会性主体。一旦离开了实践领域中经验的保存、积累、传递、交流，离开了社会支持和一定的社会关系，他便不能从事生产劳动，不能活动，甚至不能生存，更无所谓人类心理的产生与发展。人的活动和享受，无论就其内容或就其存在方式来说，都是社会的，是社会的活动和社会的享受，人在积极实现自己本质的过程中创造发展着人的社会联系和社会本质。既然人的本质是人的真正的社会联系，是一切社会关系的总和，人的本质特性在于其社会性，而现实的人又是心理得以产生的主体，因此，社会性也必然是人类心理的本质特性。

再次，人的需要是人们现实生活的直接反映，也是推动人们行为的巨大动力。需要是人类生命本性的必然要求，也是个体个性心理倾向性的直接表现，"他们的需要即他们的本性"。在现实生活中，个人有着许多需要，"人以其需要的无限性和广泛性区别于其他一切动物"。人是一种自然存在，具有自然性需要；但人更是社会性存在，人的本质在其现实性上是一切社会关系的总和，因而，人的自然需要总是渗透和包含着社会性因素，具有社会性的表现方式，即人的需要"不是纯粹的自然需要，而是历史上随着一定的文化水平而发生变化的自然需要"。同时，人还具有广泛体现其社会本质与发展内涵的独特的社会性需要。如人际交往的需要。需要产生于有机体内部生理上或心理上的某种缺乏或不平衡状态。如生命财产得不到保障就会产生安全的需要，感到孤独就会产生交往的需要，生活贫困就会产生致富的需要，入学不适就会产生环境适应的需要，毕业分配就会产生求职就业的需要等。需要是人们现实生活状态的真实反映。因此，马克思精辟地指出："对一个挨饿的人来说并不存在人的食物形式，而只有作为食物的抽象存在；忧心忡忡的、贫穷的人对最美丽的景色都没什么感觉；经营矿物的商人只看到矿物的商业价值，而看不到矿物的美和独特性。"

需要是不断发展、逐层递进的。当一定需要满足后，就会在满足的基础上产生新的需要，新的需要得以满足后又会在此基础上产生更高层次的新的需要，以此循环以至无穷。正如马克思所言"已经得到满足的第一个需要本身、满足需要的活动和已经获得的为满足需要而用的工具又引起新的需要""一旦满足了某一范围的需要，又会游离出、创造出新的需要"。需要的满足，新需要的不断产生，决定了人的需要从整体上具有从低级到高级的不断递升无限发展的特性。马克思、恩格斯从哲学的角度把人的需要划分为生存需要、享受需要、发展需要。生存需要是人的最低层次的需要，"一切人类生存的第一个前提，也就是一切历史的第一个前提，这个前提是：人们为了能够'创造历史'必须能够生活。但是为了生活，首先就需要吃喝住穿以及其他一些东西"。这是人类维持生存和生命延续的条件，只有在最基本的生存需要满足的基础上，人们才能产生更高层次的享受需要；人的最高层次的需要是发展需要，马克思称之为"生活的第一需要"，类似于马斯洛提出的自我实现的需要，即充分发挥个人潜能的需要。发展的需要是人类所特有的精神需要，它建立在其他基层需要满足的基础之上，没有基层需要的满足就很难产生更高层次的社会性、精神性层次的需要。

需要是有机体活动的积极性源泉，是人们进行活动的基本动力。人的各种活动都可以在需要中找到动因，需要激发人们朝着一定的方向，追求一定的对象，以求得自身的满足。需要越强烈、越迫切，由它所引起的活动动力就越巨大。在马克思看来，需要是推动人类前进、社会发展的动力，"社会一旦有技术上的需要，这种需要就会比十所大学更能把科学推向前进"。人的需要既反映了人的受动性，人必须依赖于一定的条件而生存；同时也充分表现出人的能动性——为了满足需要，人们必然努力寻找创造适宜条件，通过自己的努力使自然界为自己的目的而服务，使社会生活向着有利于自己的方向发展，使自己的生活更具有人的表现，这也是人类的本质体现。

最后，考察人类心理现象应从现实入手。在马克思看来，对人类心理现象的考察主要有两种方法：一种是唯心主义心理观的考察方法，即从意识出发，把意识看作有生命的个人；另一种是符合现实生活的唯物主义心理观的考察方法，即从现实的、有生命的个人本身出发，这些有生命的个人是处在现实的，可以通过经验观察到的，在一定条件下进行的发展过程中的人。

心理作为一种主观反映，不能独立存在和发展，它必然是这些现实的有生命的个人的心理。人类心理是社会历史的产物，心理反映的内容是人们现实的社会生活。因此，对人类心理现象的考察应从一定社会历史发展的时代背景着眼，从每个时代的个人的现实生活入手。正如马克思所言："在思辨终止的地方，在现实生活面前，正是描述人们实践活动和实际发展过程的真正的实证科学开始的地方。"对于一些观念性问题的解决，"不是从观念出发来解释实践，而是从物质实践出发来解释观念的形成，由此还得出下述结论：意识的一切形式和产物不是可以通过精神的批判来消灭的，不是可以通过把它们消融在自我意识中来消灭的，而只有通过实际地推翻这一切唯心主义谬论所产生的现实的社会关系，才能把它们消灭"。也就是说，对人们产生的一些心理问题的分析和解决，不能单纯地就问题来分析问题，而应把所产生的心理问题放在个体的现实生活和时代背景中来分析和考察，对一些心理问题的解决仅仅凭理论教育是不够的，只有理论教育和解决实际问题相结合，铲除特定心理问题产生的基础和土壤才能奏效。

2. 人类心理的实质是社会历史的产物

人类心理是人脑的机能和属性，是人们对客观世界的主观反映。人脑在劳动的基础上由猿脑逐渐演化而来，所反映的客观世界也是以人类劳动为基础所创造的属人的世界，是蕴含人与自然、人与社会、人与人、人与自身等综合社会关系的人化世界。人类的劳动是集体性的社会实践，是人们直接进行社会交往并结成一定社会关系的活动。人类在社会劳动过程中不仅改变了自己的生理结构，而且还产生了语言，形成了人类特有的思维能力和意识现象。意识作为一种高级心理反应形式，它的产生与发展始终依赖于社会实践，并与人类社会的产生发展相一致，正如马克思、恩格斯所言："意识一开始就是社会的产物，而且只要人们存在着，它就仍然是这种产物。""五官感觉的形成是迄今为止全部世界历史的产物。"因此，人的心理既是实践的产物，也是社会关系的产物，离开人类社会，脱离一定社会关系，人类心理无以产生。

3. 人类心理的内容是人们实际生活和社会关系的能动反映

心理活动总是具有一定的内容，这种内容是人们现实社会生活在头脑中的反映，而人们现实的社会生活又是人类社会历史发展阶段的证明。无论是简单的还是复杂的心理现象都可以在现实生活中找到它的源泉。你看到一棵樱桃树，是因为在你面前有一棵樱桃树的存在，这样在你的头脑中才会产生对樱桃树的印象，而樱桃树绝不是某种开天辟地以来就直接存在的、始终如一的东西，而是工业和社会状况的产物，只是由于人类历史发展到一定时期由于工业和商业交往才进入我们的视野和领域。复杂的心理现象，如社会主义思想，也不是凭空产生出来的，而是资本主义社会的矛盾冲突在工人阶级头脑中的反映。正如恩格斯所说："现代社会主义不过是这种实际冲突在思想上的反映，是它在头脑中，首先是那个直接吃到它的苦头的阶级，即工人阶级的头脑中的观念的反映。"那么，当今人们竞争意识的激发、网络依赖心理的产生，其实也都是现时代人们实际生活的反映，是一定社会历史发展阶段的特定产物。

在马克思看来，人作为历史的第一个前提，不是处在某种幻想的、与世隔绝的、离群独居的人，而是处于一定条件下进行的现实的、可能通过经验观察到的发展过程中的人。这就是说，现实社会中的人们总是处在一定的社会环境中，在一定的社会关系下从事一定的社会实践，并在社会实践和一定的社会关系中逐渐丰富自己的内心世界。人的心理是人脑的机能和属性，人脑好比一个加工厂，它的原料就来自人们周围的社会环境、社会关系和人们的实际生活，人们的心理和意识则是人脑这个加工厂对客观材料加工后的产品。人的正确思想观念、科学理论，是客观世界的反映；错误思想观念、宗教迷信、幻想也无不是客观世界的反映。因此，观念的东西不外是移入人的头脑并在头脑中改造过的物质的东西，人类心理的内容是人们对社会生活现实的能动反映。心理按其形式是主观的，按其内容则是客观的，没有客观世界作为源泉，也就不能产生任何心理反应和感觉意识。马克思、恩格斯正是在实践观与历史观统一的基础上探讨人的感觉、认识、意识等心理现象的，他们以总结性的语言写道："意识在任何时候都只能是被意识到了的存在，而人们的存在就是他们的现实生活过程。"人们的实际生活过程则包括了一个广阔范围的多样活动和对人类社会的多重关系，离开了人类的社会现实和实际生活过程，人类心理无以存在。

二、西方心理健康教育的理论借鉴

在西方国家，很少谈及心理健康教育一词，大多谓之"心理咨询"或"心理辅导"。西方心理咨询理论学说，林林总总，流派纷呈，就其理论基础而言，大致可归为三大取向：以精神分析为理论基础的精神分析学派，旨在引领人们从领悟中解决心理上的问题；以认知行为理论为理论基础的认知行为学派，旨在通过改变人们不正确的思想、观念来改变行为习惯，改善个人与生活环境的关系，以期获得良好适应；以人本主义理论为基础的人本主义学派，旨在帮助人们开发潜能、促进发展，以期臻于自我实现的境界。这三大理论学派源远流长。作为经典理论，它们的确是我们寻求高校心理健康教育发展的专业理论根源，对于我们更好地透视人们的心理世界，重新审视我们的教育理念，不断完善心理健康教育内容、方式和途径有不可替代的借鉴和启示作用。

（一）精神分析理论

精神分析理论是由奥地利著名心理学家弗洛伊德创设的经典理论，它开创了心理咨询的理论先河，是心理咨询发展史上一个重要里程碑。虽然现在精神分析理论的影响已没有创立之初那么辉煌显赫，但作为心理咨询和心理健康教育者，你可以不信奉，也可以不使用，但却不能不了解，因为这是寻求发展的基础，国内外许多理论和方法正是在对精神分析的继承和批判的基础上诞生和发展起来的，它对于我们充分认识人的丰富多彩的内心世界，深刻领悟心理问题产生的深层根源提供了智慧和视角。

1. 心灵结构理论

弗洛伊德把人的整个心理活动区域分为三个部分：潜意识、前意识、意识。潜意识是个体不能感知和意识到的心理活动，往往包含着大量的与人的本能欲望、非道德冲动相联系的观念和经验；前意识是指潜意识中可召回的部分，人们能够回忆起来的经验；意识则是个体能够直接感知到的心理活动。在弗洛伊德理论体系中，意识的地位并不重要，只是冰山露在海洋面上的小小山尖，而潜意识则是海面下看不见的巨大部分。人的心理活动中这三个区域所保持的是一种动态的平衡。潜意识中的本能冲动或动机欲望隐藏着巨大的生命能量和精神内驱力，它们积极活动，力求在意识的行为中得到表现，但因其为人类理智、社会道德和伦理规范所约束，只能以"合理化"的形式表现或被压抑在潜意识之中，被压抑的东西不会消失，它们会形成各种心理症状并以各种形式外化出来。

2. 自我适应理论

弗洛伊德在潜意识理论的基础上构建了一个完整的人格模式，探讨了自我适应机制，以此展现了个体的人如何以本能冲动为基础和动力发展成具有社会属性和文明标志的人的过程。弗洛伊德把人格分为本我、自我、超我三个部分。本我由一切与生俱来的本能冲动所组成，受"快乐原则"支配，寻求无条件的即刻的满足；自我代表理智和常识，受现实原则支配，力争既避免痛苦又获得满足；超我代表良心和自我理想，是人格中最文明、最道德的部分，追求至善至美。三者之间始终处于一种冲突—协调的矛盾运动中。对于三者的关系，弗洛伊德曾做了一个形象的比喻，他把自我比喻为一个仆人，认为自我和本我、超我及现实之间的关系是"一仆三主"的关系。自我既要反映本我的欲望，力求找到满足本我欲望的途径，又要接受超我的监督，按照一定的道德准则行动，还要反映客观现实，分析现实的条件和自己的处境，以促使人格内部协调并保证与外界的交往活动顺利进行。这样，受本我的推动，受超我的包围，受外界的感染，如果能够建设性解决问题，就不会产生情绪困扰，如果找不到解决问题的合适方式，自我就会产生强度不等的焦虑情绪，而为了避免紧张、自责与不快等焦虑反应，自我便会产生一套自我防御机制，以降低焦虑，自我保护。自我心理防御机制主要包括压抑、提升、文饰、升华、固着、退行等多种形式，这些表现形式在我们进行心理健康教育过程中经常可以观察到。

3. 心理健康理论

就健康观念而言，弗洛伊德认为，健康与不健康是一个连续谱，心理异常人与心理正常人之间并无本质的不同，健康人也存在压抑，在他们的内心也储存着被压抑的冲动，他们也会有许多琐碎而不严重的症状表现。因此，弗洛伊德指出："我们不再认为健康和疾病、正常人和神经症病人之间有鲜明的区别，我们不再认为神经症的特性必须视为普遍低级的证据。"

就实现方式而言，个人要实现心理健康可以从以下几个方面入手：

（1）学会正视并接纳自己

能正视自己的本能、愿望和冲动，不是压抑而是尽可能用理性的眼光去看待，以社会和个人都能接受的方式妥善地表达和满足；学会接纳自己，即"人们的禀赋各异，承受、应付文化要求的能力各有其不同的限度。苛求于己，超过其本性所能承担，则将为神经症所苦。如果他们多容忍些自己的不完美，日子就会好过得多"。

（2）学会爱

弗洛伊德在研究中发现，人受性驱力的驱使，若只想获得一己的满足，就可能受到社会和文明的排斥。因此，人们就需要扩展自己的爱，把自己融入他人和集体中，使自己成为一个社会的文明人。人的本质是社会性，人的需要和愿望只有在与他人的合作和共享中才能得到满足。学会爱自己、爱他人、爱社会，不仅可以释放自己的能量，而且有利于建立超持久而稳固的合作关系，促进个人与社会的和谐发展。弗洛伊德"学会爱"的思想对以独生子女为主要教育对象的大学生心理健康教育有着重要启示。

（3）学会工作

防止痛苦的另一种技巧是使用我们的心理装置所容许的力比多（精神分析学认为，力比多是一种本能的力量）移置，用这种方法使其功能极大地增加了灵活性。在这里，它的任务是以这种方式使本能的目的改变方向，使它们不受外界阻挠。本能的升华作用对完成此任务助了一臂之力。如果一个人能充分提高他从心理的和智力的工作资源中获得快乐的能力时，他的收获就是最大的。在这种情况下，命运对他几乎无能为力。按照弗洛伊德的观点，如果一个人有能力从工作中获得快乐，他就可以通过内部的精神过程来寻求满足，从而获得健康快乐的生活。这与马克思"我的劳动是自由的生命表现，因此是生活的乐趣"的思想不谋而合。

（4）简要评析

精神分析理论自创建以来，在世界范围内引起了巨大的争议，褒贬不一，但精神分析的巨大影响力却是有目共睹的。精神分析的最大贡献不在其治疗方法，而在其理论价值。精神分析理论对人类心理结构的剖析，使人们加深了对心灵世界的了解，进一步认识到心理活动的复杂性和多维性；弗洛伊德对人格结构的研究，对焦虑产生及其自我防御机制的分析在今天依然充满智慧和启迪；而心理健康连续谱的观念，不仅鼓舞了存在心理障碍的人，有助于人们消除对心理疾病患者的偏见甚至歧视，而且对处于正常状态的人也有所警示，同时也为人们提供了解决心理问题的建设性思路。

但精神分析理论也有明显的不足，正如弗洛伊德承认的那样："精神分析以它的两种断言触犯了全世界，招惹了人们的厌恶。"第一个断言是肯定精神过程本身都是潜意识，第二个断言是肯定性本能冲动的无上作用。对性本能地强调为人们理解心理问题，实现心理健康打开了生物学视角，但过分强调则使人变成了生物性欲求的奴隶，抹杀了人的社会本质特征，忽略了社会环境对人类心理发展的重要作用；而对潜意识的过分夸大，认为它支配着人的全部活动和整个社会，否认意识在心理活动中的主导作用，则使其陷入非理性主义的错误；从研究对象看，精神分析理论是建立在对精神病患者研究的基础上，忽视了健康人积极的心理品质，许多创造性思想在一定范围内是正确的，但当弗洛伊德试图把它推而广之成为一种普遍真理时就不免失之偏颇。

（二）行为主义理论

行为主义以实证主义和实用主义为哲学背景，主张舍弃对无法直接观察和证明的一切内在心理活动的间接猜测，而只对看得见、测得到的外显行为做直接研究，推崇采用客观的实验方法进行严格的科学研究。

1. 刺激—反应理论

认为有机体行为的形成是一个刺激与反应的结果，不论是适应性行为还是非适应性行为都可以通过刺激—反应这一经典条件反射而形成。

2. 行为强化理论

认为人类大多数可被观察到的行为都是通过操作性条件反射而形成的，即是在可观察到的外部刺激下发生的，是有机体的主动适应行为，行为的后果直接影响着行为发生的频率。如果后果是奖励性的，则该行为的发生频率倾向增加（正强化），如果是惩罚性的，则该行为的发生频率就减少（负强化）。

3. 社会学习理论

美国心理学家班杜拉指出，人性的辉煌之处在于观察学习，并以此为核心提出了系统的社会学习理论。该理论认为，人类更多的行为不是通过条件作用而是通过示范、观察、模仿的途径而获得。特别是儿童，在其成长过程中，观察学习是他们行为形成的重要途径。社会学习理论为心理健康教育方式的发展提供了理论视角，加强校园文化建设，促进班级寝室良好心理环境的形成，对加强大学生心理健康教育是一个值得关注的重要方面。

4. 认知行为理论

认知行为理论是在对早期行为主义刺激—反应理论的批判基础上发展起来的，认为外部刺激并不能直接引起个体的情绪和行为反应，在刺激和反应之间存在着复杂的认知过程，不同的认知导致不同的情绪和行为。即对人们行为产生影响的不是事件本身，而是人们对事件的认知、判断和评价，调整不良情绪和异常反应应从改变认知入手。因此，在心理健康教育的发展中，在强调相关能力培养的同时，对有利于改变大学生认知观念的知识性内容也是不容忽视的。

行为主义理论一改传统心理咨询和治疗理论重视潜意识、意识等内在心理因素的传统，着眼于可以直接观察和检测到的人的外显行为，为人们探索心理咨询、心理健康事业提供了一个新的视野和角度；在研究方法上所推崇的实证主义倾向一定程度上提升了理论研究的严谨性、客观性和科学性。但从行为主义理论整体来看，它奉行的是环境决定论，过分夸大了环境因素的作用而忽视了人的主体性。行为主义的许多理论观点是在严格的实验控制下取得的，在特定环境下也许是正确的，但在复杂的现实环境中其可信度值得考虑。

（三）人本主义理论

人本主义理论以正常人为研究对象，认为真正的心理学应该研究健康的正常人的心理，应该以人的价值、尊严、潜能、创造性、积极情感及自我实现等方面为研究内容；认为人的发展的自然倾向不是趋乐避苦的狭隘私利，而是在生活需要基本满足的基础上的精神需求或对真善美等心理需要的追求。

1. 以人为中心的教育思想

C. 罗杰斯是美国人本主义理论的创始人之一，他认为，每个人均有一种内在本然的实现趋向，这种实现趋向给人提供了强大的生存动力，促使个人探索环境、学习知识，并致力于追求更能充分发挥潜能、更让自己满意的生活方式。C. 罗杰斯创立了来访者中心疗法，它既不探究来访者的潜意识领域，也不企图改变来访者的行为反应，而是激发来访者主体内在的潜能进行自我理解，改变自我和对他人的看法，产生自我指导行为。在咨询中，咨询师应追求平等的咨询关系，以来访者为中心，重视来访者的主观经验世界并相信他们有自我实现的潜力。C. 罗杰斯以人为中心的教育思想重新确立了心理咨询中咨询师与来访者的关系，使咨询教育变成了人与人的交流，更凸显了人的价值、尊严、需要、理解等人性要素对心理教育事业的独特意义。

此外，对于心理咨询人员的从业资格问题，C. 罗杰斯也发表了自己的独特见解，认为一个没医学学位的人也能从事心理咨询，从而改变了长期以来人们认为只有经过专业训练的精神科医生才能从事心理咨询和治疗的看法，改变了当时心理咨询领域过分依赖心理测验甚至滥用心理测验的局面，极大推动了心理咨询领域的拓展。

2. 自我实现的健康追求

对心理健康的研究，心理学上最著名的当数马斯洛。在研究中，马斯洛强调研究人之为人的"人性"，反对只研究人的"机械性"或"劣根性"。他认为，"研究有缺陷、发育不全、不成熟和不健康的人只会产生残缺不全的心理学和哲学，而对于自我实现者的研究，必将为一个更具普遍意义的心理科学奠定基础"。在马斯洛理论体系中，需要层次理论和健康人格理论是其重要组成部分。需要层次理论把人的需要从低到高依次分为五级，认为人的行为由动机所驱动，人的动机由需要所激发，人的需要是人的本性，各级需要既是依次排列的层级关系，又是一个连续统一体。当基础需要得到基本满足后，更高的需要才会产生并支配人的意识生活。在需要层次中，自我实现的需要处于最高层次，它是人们渴求充分实现自己潜能，实现自身发展的需要，是人性的本然。用马斯洛的话来讲，音乐家必须演奏音乐，画家必须绘画，诗人必须写诗，这样才会使他们感到最大的快乐。是什么样的人就应该干什么样的事。我们把这种需要叫作"自我实现"。

马斯洛将理想的心理状态称为自我实现，健康人格理论是马斯洛"自我实现者"的健康人格的具体表现：能准确地知觉现实并保持适宜的关系，能接纳自然、自我和他人，有独处和自立的能力，有自己的信念和人生目标，能对许多的人生经验保持常有常新的愉快体验，良好的人际关系，具有很强的道德感等。马斯洛的健康人格理论常被引作衡量人们心理健康的标准，但这些经典的标准并非只是孤立的特征，它们往往蕴含着丰富而深厚的健康观念及教育内容。例如，具有很强的道德感就把理想的心理健康状态与伦理道德规范紧密联系起来。在马斯洛看来，心理健康的人在追求自己目标的过程中必然遵循一定的道德原则和伦理规范，反对为了目标而不择手段，坚持以正当的方式追求自己的理想和价值。其实，道德感有很重要的心理保健功能，人是社会的存在，人在社会生活中逐渐具备了强大的良知系统，当人按道德准则行事时，他的自尊、归属的需要就会得到满足，并伴有幸福感的体验。为了避免人们对自我实现的片面理解，马斯洛专门指出，自我实现者并不是完美无缺的人，而只是比其他人更接近完美而已。这样，对自我实现的健康追求就更加真实具体。

第二节　大学生心理健康教育的现实依据

一、我国高校心理健康教育发展的历史沿革

如同德国著名心理学家艾宾浩斯所言："心理学有长期过去，但只有简短的历史。"对我国高校心理健康教育而言也是如此，心理健康教育的思想和萌芽在我国源远流长，有数千年的历史，但教育界自觉地重视心理教育，却是从著名学者、心理学先驱人物王国维

（1877—1927 年）提出心育才开始的，而高校心理健康教育在我国的起步、普及和发展则只有更为简短的历史。

（一）萌芽阶段：20 世纪及以前的中国传统文化和教育思想

心理咨询、心理健康等现代概念虽然源于西方，但在中国悠久丰厚的传统文化中早已蕴含着丰富的心理调节、心理治疗、心理素质培养等心理健康及教育问题的思想和论述，如乐观知足、仁爱之心、理想人格、身心统一、人本入世、修身养性、心理平衡等，虽然许多思想只是一些零散、朴素、直观的论断，尚未形成系统、完整、严密、科学的理论体系，但心理教育的萌芽和胚胎却有长远的过去、数千年的历史。

（二）探索阶段：20 世纪初到 20 世纪 80 年代中期

20 世纪初王国维先生提出了心育的概念，他在《论教育之宗旨》一文中指出：要实现培养完全之人物的教育宗旨，需要通过体育发展人的"身体之能力"，通过心育发展人的"精神之能力"。但并未引起教育界的足够重视。1917 年，北京大学哲学系首次开设了心理学课并建立了中国第一个心理学实验室，1918 年，陈大齐著的《心理学大纲》，是我国第一本大学心理学用书；1933 年，沈履著的《青年期心理》是一本研究青年心理问题的专著。伴随着心理学在我国的传入及心理学科的建立，受国际心理卫生运动的影响，中国心理卫生活动开始展开。1936 年 4 月 19 日，中国心理卫生协会在南京成立，推动了我国心理卫生事业的发展，当时的中央大学、浙江大学、四川大学、云南大学等都开设了心理卫生课程，讲授心理学方面的知识，并在理论和实践过程中取得了可喜的成绩。由于抗日战争爆发，中国心理卫生协会的工作被迫暂停。新中国成立后，我国的学校心理健康辅导与教育工作在相当长的时间内处于空白状态。从 20 世纪 80 年代起，心理健康教育的理论和实践在中国开始有了较大发展。1983 年燕国材教授率先提出培养学生的非智力因素概念及理论，这一思想极大推动了我国的教育改革，产生了深远的历史影响。20 世纪 80 年代初期在北京、上海、广州等少数城市出现了心理咨询门诊，一些医学院校开设了医学心理课程，极少一部分高校开设了大学生心理学课程，并开展了少量的心理咨询服务，但这些咨询服务内容零碎，范围狭窄，形式单一，只能为少数学生解答疑难，大多数高校连偶尔的心理辅导也没有，我国高校心理健康教育工作总体上还处在探索阶段。

（三）起步阶段：20 世纪 80 年代中期到 1994 年

20 世纪 80 年代中期，学校心理健康教育首先在我国高校兴起，开始时是对个别由于心理障碍导致损害自我生命行为的大学生给予紧急援助，进行心理咨询和辅导，而后服务的对象逐渐扩大，从大学生扩大到高中生、初中生直至小学生。1985年3月，中国心理卫生协会宣告成立。1985年6月，北京师范大学成立了全国第一家心理测验与咨询服务中心，首开高校心理咨询的先河，标志着我国高校心理健康教育工作的开始。随后，北京、浙江、上海、武汉、江苏等地区的一些高校都相继成立咨询中心。1988年6月，上海交通大学举办了"首届高校咨询教育理论与实践研讨会"，会上组建了"中国高校心理咨询研究会筹委会"（后易名为大学生心理咨询专业委员会），创办了《高校心理咨询通讯》杂志。1989年4月，中国高校卫生保健研究会在浙江大学召开了"全国第二届高校卫生保健学术研讨会"，会议主题是高校学生的心理卫生和精神疾病的防治，推动了高校医务界同志积极参与大学生心理保健工作。1990年11月，在北京师范大学召开了全国大学生心理咨询专业委员会成立大会暨首届学术研讨会，宣告了中国高校心理咨询事业进入了新的发展时期，使得高校心理咨询、心理保健工作得以有组织地开展起来。1992年7月，在清华大学召开了"全国大学生心理咨询专业委员会第二届学术研讨会"，1993年8月，在大连理工大学召开第三届学术研讨会。总之，专业委员会成立以来，开展了一系列工作，创办杂志、举办心理咨询培训班，发展会员、国际交流、指导地方工作等。此外，中国心理学会大学生心理学专业委员会和教育心理专业委员会、中国高等教育管理研究会大学心理学专业委员会等也通过多种渠道推动了大学生心理保健工作的起步与发展。

（四）普及阶段：1994年8月至2001年3月

20世纪90年代以后，各方面的调查研究显示，我国大、中、小学生的心理健康问题日渐增多，心理健康教育逐渐受到了全社会的关注，进而成为政府行为和普遍的社会行为。1994年5月，教育委员会思想政治教育司在江西师范大学举办首届高校心理咨询教育培训班，第一次由政府教育部门出面办班，表示了主管教育的政府部门对大学生心理咨询工作的关注和重视，预示了大学生心理咨询工作正式纳入学校学生工作的日程，有力地推动了高校心理健康教育工作的普及和开展。在此过程中，人们对心理健康教育的说法并不统一，有心理辅导、心理咨询、心理教育、心理素质教育等多种提法。1994年8月31日，中共中央颁布的《关于进一步加强和改进学校德育工作的若干意见》第一次明确提出了"心理健康教育"一词："增强适应时代发展、社会进步，以及建立社会主义市场经济体制的新要求和迫切需要的素质。要积极开展青春期卫生教育，通过多种方式对不同年龄层次的学生进行心理健康教育和指导，帮助学生提高心理素质，健全人格，增强承受挫折、适应环境的能力。"此后，国家颁布的一系列文件及学术理论界都开始使用"心理健康教育"一词。1995年11月23日，国家教委颁布的《中国普通高等学校德育大纲》，明确把培养学生具有"健康的心理素质"作为德育目标之一，把心理健康教育列为德育十大内容之一，并具体指出心理健康教育应包括心理健康知识教育、个性心理品质教育和心理调适能力培养三个方面。1998 年 12 月 24 日，教育部颁布的《面向 21 世纪教育振兴行动计划》指出："实施劳动技能教育以及心理健康教育，培养学生具有良好的道德、健康的心理和高尚的情操。"1999 年 6 月，国务院颁布的《中共中央国务院关于深化教育改革全面推进素质教育的决定》指出，要"加强学生的心理健康教育，培养学生坚忍不拔的意志、艰苦奋斗的精神，增强青少年适应社会生活的能力"。这些纲领性文件的出台，表明开展大学生心理健康教育已经引起国家领导层的高度重视，在国家政府及教育行政部门的支持下，我国高校心理健康教育迅速普及和发展，主要表现为以下几个方面：实践上，高校心理健康教育部门普遍设立。到 21 世纪初，我国绝大多数高校均设置了心理咨询中心、心理健康辅导中心或心理健康教育中心等专职服务机构；理论上，从 1994 年中共中央正式提出心理健康教育以来，相关文章和专著的发表与出版呈逐年显著递增趋势，学术研讨会纷纷召开；观念上，教育界、学术界及社会各界人士对心理健康的价值、心理健康教育的提出及作用普遍认识和接受。许多大学生对所谓心理问题也不再危言耸听，而是积极汲取心理健康知识，参与各种心理校园健康文化活动，正确面对成长困惑，勇敢寻求心理咨询服务。心理健康教育在我国高校发展已有几十年时间，在这几十年的发展历程中，开始比较慢，后来发展较快，尤其是近几年大学生心理健康教育发展速度加大加快，其原因主要是政策推动。

（五）提高完善阶段：2001 年 3 月至今

2001 年 3 月，教育部出台文件《关于加强普通高等学校大学生心理健康教育工作的意见》（以下简称《意见》），对我国高校心理健康教育工作提出明确指导并直接负责，《意见》中就我国高等学校大学生心理健康教育工作的重要性、主要任务和内容、原则、途径和方法、队伍建设、工作管理等方面做了具体指导。2002 年教育部颁布的《普通高等学校大学生心理健康教育工作实施纲要》对高校大学生心理健康教育工作做进一步的指导和规范。这些专门文件的出台对高校心理健康教育工作的深入开展具有极大的推进作用。我国高校心理健康教育在经过一定范围、一定数量、一定程度的普及后，逐渐进入提高完善阶段。2002 年上半年，我国劳动和社会保障部推出心理咨询师职业人员的专业标准，要求心理咨询从业人员经过考核、评审，持上岗证后才能上岗，这预示着我国心理咨询专业化、职业化的发展趋向。心理咨询是我国高校大学生心理健康教育工作的重要内容和根本途径，心理咨询专业的发展也标志着我国高校大学生心理健康教育工作进入重视成效、提高质量的提高完善阶段。

此外，在学科建设方面，我国成人高等教育学校已经开设了心理健康教育专业，而普通高校也纷纷设立了心理健康教育的研究方向，我国高校大学生心理健康教育专业化发展不断深入。在工作开展得比较好的省市，如北京、上海、武汉、浙江、江苏等，基本上都设立了地方性的心理健康教育分会，成立了心理咨询机构，开设了心理健康教育系列课程，开展了各种心理健康教育宣传和实践活动。同时，不少高校还进行了心理健康教育的实践研究，通过研究来总结工作经验，解决工作中的问题，带动指导工作的开展，探索工作的新途径和新方法。如复旦大学孙时进主持的教育部重点课题"团体心理辅导与应用研究"，浙江马建青、王东莉主持的"中国特色的大学生心理健康与心理咨询研究"等，这些教育实践研究将使我国大学生心理健康教育工作得到进一步的发展、完善和提高。

二、我国高校心理健康教育发展的基本经验

综上所述，我国高校心理健康教育经过20多年的发展历程，取得了可喜的成绩。

首先，大学生心理健康和心理健康教育逐渐赢得了社会各界的关注、支持与重视。如中共中央、教育部下发了一系列文件，明确指出，"针对新形势下青少年成长的特点，加强学生的心理健康教育""加强和改进大学生心理健康教育是新形势下全面贯彻党的教育方针、推进素质教育的重要举措"；社会舆论和媒体对大学生心理健康问题的关注和披露也从另外一个方面促进了教育工作者对大学生心理健康的重视，推动着大学生心理健康教育的发展。

其次，各高校纷纷建立了大学生心理咨询和心理健康教育相关机构，并积极开展多种形式的心理健康教育活动，心理健康教育的工作效果得以明显提升。由于大学生心理问题引起全社会的关注，一些高校在这方面做了许多切实有效的工作。有部分学校，据统计，约10%的学校有质量比较高、专业性比较强的学生帮助活动。高校心理健康教育工作的开展为大学生寻求专业帮助提供了有效渠道。

最后，心理健康的观念逐渐被大学生普遍接受。在我国传统观念中，健康就是身体没病，所谓"心理问题"就是精神病或神经病。这种观念在大学生群体中也长期存在，许多同学拒绝承认自己出现心理方面的问题，更不愿去心理咨询机构寻求帮助。随着近年来心理健康教育宣传普及工作力度的加大，大学生对健康的内涵、对维护心理健康的重要性有了全面的认识，日益关注自己内心的缺陷和不足，并主动寻求老师的帮助与咨询。对此，有专家说："人们对心理健康教育和心理咨询的态度、观念有很大转变。过去认为，只有有心理障碍的人才需要心理健康教育，现在则认为人人都需要心理健康教育。过去，谈到心理咨询，很多人的直接反应就是心理变态，而现在辅导员、班主任、学生等都认为进行心理健康教育很有必要。"由此可见大学生对心理健康的重视和渴求。

由于心理咨询在我国的引入及高校心理健康教育开展为时不久，许多工作还处在摸索

和积累经验的初级发展阶段，因此，除上述工作成效外，当前我国高校心理健康教育还存在许多不足，这些不足是寻求大学生心理健康教育进一步发展的现实依据。

（一）学校领导对心理健康教育的认识和重视程度有待进一步提高

随着大学生心理健康问题日益突出及国家相关政策文件的系列颁布，高校对大学生心理健康教育的认识和重视程度不断加强。但仍有一些学校领导对新形势下高校开展心理健康教育的重要性和必要性认识不足，特别是当前高校普遍面临扩大招生和提高教育教学质量双重压力的背景下，一些学校领导认为心理健康教育工作可有可无，实施心理健康教育与否并不影响学校工作的正常运转，只是为了应对国家政策文件和应付上级工作检查而成立心理健康教育机构，往往是说起来重要做起来次要，没有把心理健康教育工作纳入学校整体教育体系中，没有正规编制和活动经费，更缺乏科学的指导和全面发展的规划，使大学生心理健康教育工作长期停留在表面甚至流于形式。

（二）心理健康教育地区差异大、各高校发展不平衡

我国高校心理健康教育起始于 20 世纪 80 年代中期，就全国而言，发展水平极不平衡，悬殊较大。总体来看，沿海地区、大中城市、经济发达地区发展速度快、专业水平较高，如在我国上海、北京、武汉等地已进行了多年的研究与实践，积累了丰富的经验，取得了很好的成效，但在我国还有许多地区心理健康教育工作才刚刚起步，甚至在一些边远地区对此还很陌生，违背心理健康教育工作原则和规范的行为事件时常发生。就同一地区而言，由于各高校重视程度不一样，发展也不平衡。在重视程度高的学校，心理健康教育机构的设置、资金的投入、人员的培训、发展的策略都有科学的规划和明确的指导，心理健康教育专业水平一般较高，发展较快。而在一些不受重视的学校，资金无保障、培训无计划、发展无规划、机构无地位，心理健康教育被视为应付检查的"摆设"，一些学校甚至将其等同于一般性谈心活动，安排退休教职工或其他无相关知识、技能和经验的人员值班和开展，使心理咨询及心理健康教育的专业性、科学性受到质疑和漠视，心理健康教育工作难以持续开展。以高校心理健康教育发展水平较高的北京地区为例，各高校发展不平衡是北京地区大学生心理健康教育存在的主要问题之一。一是机构设置不平衡，北京有的高校没有建立心理素质教育和咨询专门机构，没有专门办公场所。二是经费投入不平衡，北京仍有高校在心理素质教育工作方面没有经费投入，在有经费投入的学校中，数额也远不能满足大学生心理素质教育工作的需要。三是工作开展不平衡，如一些学校已经建立了比较完善的心理素质教育教学体系和心理疾病预防、危机干预机制，但还有不少学校尚在起步阶段甚至还没有起步。

（三）咨询效果不理想，专业化水平不高，队伍发展前景不明朗

心理咨询效果不理想是我国高校大学生心理健康教育存在的一大问题，其原因主要在于咨询工作专业化水平欠缺。心理健康教育尤其是心理咨询工作是一项专业性、技术性很强的工作，它要求咨询人员具有较高学历，受过专门训练，掌握心理咨询理论与技巧，并持有心理咨询师职业认可证明。可以说，大学生心理健康教育工作质量与成效的优劣在很大程度上取决于教育队伍素质的高低。然而由于这项工作在我国许多高校还处在探索和起步阶段，各高校心理健康教育队伍在结构、水平与层次方面参差不齐，专业化程度整体偏低，无论在数量还是质量上都不能满足教育发展的现实需要。从数量来看，在我国高校心理健康教育队伍中受过较好训练的咨询员人数远远不够。从质量来看，我国高校心理健康教育队伍人员构成较复杂，主要包括思想政治教育工作人员、心理学专业人员、学校医务工作人员，许多教师属于半路出家，缺乏正规、系统的心理健康教育知识与技能的专业培训，对现代心理咨询技术掌握不够，加之缺乏相应行为规范的约束和指导，在教育和咨询实践中失控现象时有发生，难以保证取得好的效果，甚至造成一些负面影响，使大学生对高校心理健康教育工作的信任度降低。

（四）心理健康教育重障碍性心理咨询，轻发展性心理能力的培养

鉴于我国高校心理健康教育主要教育对象的特殊性及其所承担的教育职能，对高校心理健康教育的价值取向，理论界比较一致的观点是坚持和侧重发展性心理健康教育的发展取向，然而就我国高校心理健康教育工作实践而言，仍普遍存在着注重对大学生障碍性心理问题的咨询与帮助，而忽视了对大学生发展性心理能力的积极关注与主动培养。

由于我国高校心理健康教育起始于国外心理咨询的引入，在其发展初期主要侧重于学生障碍性心理问题的预防、减少和解决，致使人们对高校心理健康教育的内涵缺乏全面了解，不是从教育的立场而是从治疗的角度来看待这项工作的意义，把心理健康教育等同于心理咨询和心理治疗。在教育实践中，不少高校将心理健康教育工作的重点放在对个别学生的心理咨询和治疗上，把解决学生的心理问题、排除心理障碍或危机干预作为主要的出发点，忽视了对学生心理健康素质的培养及心理潜能的开发与指导，使绝大多数学生心理发展的需要得不到满足，高校心理健康教育应当履行的教育职能不同程度地受到冷落与搁置。即便个别学生的心理问题得到了解决，但由于多数学生的心理健康维护受到忽视，新的问题仍然不断出现。同时，这种以障碍性心理健康教育为主的工作模式还会给人们留下"凡是去心理咨询的人都有心理疾病"的错误印象，使得一些大学生在出现心理困惑时不敢、不想、不愿及时求助与咨询，束缚和影响了高校心理健康教育的作用发挥与价值

展现。

（五）心理健康教育单一化倾向显著

高校心理健康教育单一化倾向可以从两个方面来理解：一方面，心理健康教育形式相对单一。在我国许多高校，心理健康教育的主要形式就是开展心理咨询，把对学生进行心理测量，开展心理咨询、心理治疗当成心理健康教育的全部或重点。鉴于心理咨询"主动求助"原则，我国高校心理咨询普遍采取被动等待的工作形式，缺乏应有的主动性。然而，从大学生心理发展特点来看，独立性和闭锁性是青年大学生显著的心理特征，由于闭锁性心理特征的存在及对心理咨询的认识偏差，许多同学在生活和学习中遇到心理困惑和烦恼，往往选择向朋友倾诉而不愿意到心理咨询部门寻求老师的帮助。进入高年级后，随着独立意识的增强，大学生往往选择独立面对和解决自己的各种心理问题，因而失去求助的主动性。因此，单一的心理咨询形式难以满足大学生心理发展的现实需要。另一方面，即使一些院校开展了少量的心理健康教育讲座，建立学生心理健康教育社团，开设心理健康教育课程，举办一定的职业辅导活动，也往往因为种种原因而流于形式。如许多高校学生社团由于缺乏必要的专业指导和支持，缺少一定的活动资金，加之一些学生对心理咨询的好奇心逐渐消失，从而陷入虎头蛇尾或名存实亡的境地；而心理健康教育课程主要以选修课形式在高校开设，在课时设置、内容选择、学生数量、学校重视等方面难以得到有效的保障；所谓职业辅导也只是以提供就业信息为主，与职业辅导的内涵相差甚远。同时，这种少量的、不定期的、仅限于个别学校的单一形式也远远不能满足大学生心理健康教育的本质要求。形式在一定程度上限制了内容，不同的心理健康教育形式往往蕴含着不同的教育内容和教育目的，各种形式互补互利，忽略教育形式的多样与丰富将在很大程度上限制我国高校心理健康教育的效果及发展。另一方面，从资源利用来看，高校心理健康教育缺乏校内、校际及高校与社会的沟通与交流。高校心理健康教育是一项系统工程，既需要学校各部门人员的积极配合参与，也需要各院校间的联合与互助，还需要寻求社会力量的支持和关注。而我国高校大学生心理健康教育多为孤军奋战，学校内部缺乏全员育人意识，认为心理健康教育就是心理健康教育中心的任务，是心理健康教育专兼职人员的职责，心理健康教育中心和院系之间相互配合不够，缺乏有效沟通，部分信息不能及时反馈，两者之间缺乏有效的衔接；除在特定会议场合的少量交流外，各院校一般各自为政，缺乏相互协调及资源共享的意识及实践。大学生心理健康教育是一项在探索中前进的新事物，它需要各高校之间相互学习，相互切磋，取长补短，对一些共性问题共同探索解决，实现资源共享，及时发现、纠正和避免心理健康教育过程中出现的一些误区和偏差；就社会而言，虽然社会各界对大学生心理健康及教育问题予以了关注与重视，但如何充分利用社会资源，实现高校心理健康教育与社会力量的结合也是当前面临的重要课题。

（六）理论研究本土化不足

我国高校心理健康教育是从心理咨询做起的，心理健康教育的内容包含心理咨询，但它不仅仅是心理咨询，也不同于心理治疗。高校心理健康教育理论研究主要包括两大方面：一为心理咨询相关理论研究，二为心理健康教育相关理论研究。在心理咨询理论研究方面，由于我国高校心理咨询为舶来品，而其他国家心理咨询理论流派纷呈，源远流长，在理论研究方面引领世界潮流。因此，在我国高校心理咨询理论研究方面盗版现象严重，本土化研究不足。鉴于心理咨询理论研究的先进性与前沿性，借鉴与引用实属必要，但任何一种理论与方法都有其特定的时代背景，产生于特定的人群和问题中，试图用一种理论来解释错综复杂的心理现象是不现实的，而希望直接引用产生于西方人文背景中的心理咨询理论来解决当代中国大学生的问题也是不科学的。任何一种理论方法都始终处在不断变化之中，时代在变、对象在变、问题在变、国情在变，借鉴的目的在于更好地创新和运用，实现对咨询理论的本土化创新是当前理论研究的难点所在。在心理健康教育理论研究方面，由于我国高校心理健康教育起步晚，发展还很不成熟，在理论研究方面较薄弱，虽然许多专家学者对我国高校心理健康教育发展现状、经验不足、发展趋势，高校心理健康教育的目标、功能、内容、师资、教育模式，高校心理健康教育与思想政治教育的融合与共进等方面进行了深入探讨和研究，取得了丰硕的成果，对我国高校心理健康教育的运行及发展起着重要的指导作用，但就整体研究而言，力量依然薄弱。学术界对高校心理健康教育的内涵外延还存在不同理解，对如何操作高校心理健康教育运行模式，如何提高高校心理健康教育工作效果，如何开展大学生心理健康的干预和援助工作还没有形成一套完整科学的运行体系。对此，我国高校心理健康教育还面临多方面的研究困境。在理论性研究方面表现为：有特色的研究少，高水平的研究少，系列化的研究少，争鸣类的研究少，发展层面的研究少，服务性的研究少等；在实践性研究方面表现为：研究对象不具代表性，研究结果不具公正性，分析不具准确性，研究变量失控性，数据统计随意性等。理论研究和教育实践相脱节，导致对学校心理健康教育活动缺乏有效指导。总体上，学校心理健康教育的科学研究水准不高，低水平的简单重复现象严重，缺乏系统的理论体系。

第三节　大学生心理健康教育的发展特征

一、稳定性与时代性的统一发展

唯物辩证法认为，矛盾是一切事物存在的根本表现，是事物发展的根本原因。在高校心理健康教育发展过程中，始终存在着两种力量：一是维持系统稳定的力量，二是改革创新、发展变化的力量，这两种力量经常处于抗衡与摩擦之中。承认心理健康教育的发展性，就是承认其变化性，发展变化是绝对的，而一些教育内容、教育规律、教育方式一经形成便具有相对的稳定性。心理健康教育发展变化往往与时代有着密切关联，因而心理健康教育发展的背后就是鲜明的时代性。

作为一种教育实践活动，心理健康教育发展是一个"历时"的过程，是一个在历史发展中形成、存在、延续的线性过程。在这一发展过程中，逐渐孕育了我国古代优秀的心理学思想，形成了我国源远流长的教育思想传统，形成了国内外卓有成效的心理健康教育理论和实践经验，这些丰富的思想理论和经验历代相承，日益丰富，是我国高校心理健康教育稳定有效发展的基础和土壤。我国是一个有着几千年文化传统的文明古国，在这源远流长的文化传统中渗透着丰富的有关心理学、教育学乃至心理教育的思想。美国心理学史学界的元老布雷特和墨菲等人，都曾表达过一种这样的信念："心理学的第一故乡在中国。"这不但表达了他们的一种向往，而且代表了他们关于心理学历史研究的结果。中国传统文化是一种充满了"心理学意义"的文化。以"春秋战国"时期的"诸子百家"为例：孔子是中国文化最重要的代表人物之一，他提出了一种人格的典范——"君子"，"君子惠而不费，劳而不怨，欲而不贪，泰而不骄，威而不猛"；孟子用"心"来注解儒学真谛，提出"恻隐之心、羞恶之心、恭敬之心、是非之心"，并指出："人心亦皆有害。人能无以饥渴之害为心害，则不及人不为忧矣。"即人心亦有害，人心也需要营养，需要护理。此外，老子的"理想人格"，庄子的"充实自我"，荀子的"养心"之道，管子的"善心安爱""修心正形"，都是中国传统文化中代代相承的瑰宝。

同时，任何一项社会文化活动的发展都是一个传承与创新的过程。所谓创新就是要根据社会不断出现的新情况、新问题，创造新的教育理论、教育内容、教育途径和教育手段；就是要根据社会和人的发展需要不断调整心理健康教育的教育理念、体系结构，探索新的功能、领域与作用方式。创新既是一种开拓性的发展，又使心理健康教育发展具有鲜明时代气息。时代是不断发展的，发展的时代必然不断带来新事物、新现象、新问题和新矛盾。那么，传统思想理论观念中的某些因子必然会因为不适应社会的发展而被淘汰、改善或者裂变，形成新的因子，体现出心理健康教育发展的时代性，那些经得起时间考验的因子就表现出心理健康教育系统发展稳定性的一面。因此，心理健康教育发展的稳定性与时代性集中通过我国高校心理健康教育在发展过程中对传统心理学、已有教育理论和实践的继承、借鉴与创新来体现。继承是基础和前提，没有继承就没有创新的思想和理论来源，继承性决定了我国高校心理健康教育发展的连续性与稳定性；创新是目的和方向，是新质的不断丰富和充实，没有创新就没有生机和活力，创新性体现了我国高校心理健康教育发展的时代性。因此，我国高校心理健康教育的发展是稳定性与时代性相统一的发展。

二、渐进与飞跃相结合的发展

高校心理健康教育的发展，既是一种渐进性的发展，也是一种飞跃性的发展，是渐进发展与飞跃发展的统一。它之所以具有渐进性特点，基于以下原因。

（一）心理健康教育的产生发展是与人们健康观念的发展相伴而生的

心理健康教育作为一种社会行为，也是沿着知、情、意、行的知行转变规律而发生，知是行的前提和基础，行是知的转化和外现，没有人们对健康内涵的正确认知，没有对心理健康重要性的正确观念，心理健康教育将很难顺利产生与发展。而作为人们思想意识领域的观念认识，其发展变化不可能一蹴而就，总是以"人们的存在"为基础，遵循"实践、认识、再实践、再认识"的反复、渐进过程而得以完成。对"健康"，最初的观念是"无病即健康"。然而，随着时代发展，人们在社会生活中逐渐认识到，"无病远非健康"。健康乃是一种生理、心理和社会适应都日臻完满的状态，而不仅仅是没有疾病和虚弱的状态。这样，心理健康作为健康的一个重要方面跃入人们的视野，心理健康教育也随着人们健康观念的转变而逐渐产生并发展完善。

（二）对心理健康教育的关注和重视与我国社会大潮紧密相连

改革开放以来，我国社会各领域取得了丰硕成果，人们物质生活水平得以极大提高。然而，事物发展总是呈现两面性的特质，伴随着改革开放的全面深入，社会节奏不断加快，社会竞争不断加剧，贫富差距日益扩大，社会生活日趋多样，人们的心理世界遭到极大冲击，心理平衡受到严重破坏，心理健康状况每况愈下。因此，对心理健康教育的关注和重视也日渐加强，心理健康也由隐到显，逐渐发展壮大。同时，我国改革开放的全面深入，不仅体现在速度上由慢到快，程度上由弱到强，而且体现在领域上由少到多，最初是经济领域，然后扩展到政治、教育文化等各个领域，影响范围不断扩大。比如，伴随我国教育体制改革的发展，教育收费、双向选择、扩大招生、社会办学等，对大学生的思想、观念、心理产生强烈影响，由于大学生生活环境相对封闭，生活经历相对简单，加上大学生身心发展的特定阶段，因此，大学生对这些变化的反应也特别强烈。如果没能得到合时、合适的引导、调节与教育，将严重影响他们的身心发展与学习生活。这样，高校心理健康教育也随之产生，并经历着萌芽、发展、完善等各个阶段而不断成熟壮大。同时，我国高校心理健康教育发展的渐进性还与我国心理学事业逐渐发展紧密相关。我国传统文化思想中虽蕴含着丰富的心理学思想，但作为科学的心理学在我国的诞生和发展却缓慢而漫长。1917 年，陈大齐在北京大学哲学系建立了全国第一所心理实验室，开设了心理学课程，为中国心理学的诞生做出了贡献。新中国成立以后，我国心理学获得新的生命，但它的前进道路却迂回曲折，直至 1977 年我国心理学界才迎来了心理科学的春天，心理学相关研究日渐兴旺，实力不断增强。作为心理学内在价值体现的心理健康教育的发展虽然一方面与社会发展和人们内在需求紧密联系，但作为我国心理健康教育发展理论根基的科学心理学事业缓慢发展与逐渐强大，也为我国高校心理健康教育发展的渐进性提供了佐证。

高校心理健康教育发展之所以具有飞跃性特点，是因为心理健康教育的发展既涉及旧质的转换，又涉及新质的形成。伴随经济全球化进程，多元文化激荡，价值观念冲击；伴随我国社会主义市场经济体制的形成与发展，经济成分和经济利益多样化，社会生活方式多样化，社会组织形式多样化，就业岗位和就业方式多样化；伴随现代科学技术的飞速发展，网络领域的诱惑，数字化的迷恋，信息资源的泛滥，工具理性的异化，我国社会出现许多新现象、新领域和新需要，这种新事物的产生和新格局的变化，必然带来心理健康教育目标、理念、内容、方式、领域的改变和创新，这种革新，既有对过去的继承与完善，又有新的发展，与过去相比，具有质的变化。比如，我国高校心理健康教育方式以往主要依靠心理咨询，以问题解决为主，现在则发展了团体咨询、心理训练、心理讲座、心理健康课程等多种方式，并由问题解决为主转变为以人为本，以促进大学生潜能开发和自我实现为理念，这是一种飞跃性发展。同时，科学发展观的指导，社会主义革命和建设，要求我国高校心理健康教育必须与全面建成小康社会、学生的全面发展相协调，必须推动心理健康教育各要素、各环节的全面协调发展，而不是局部、片面的突出。那么，这种全面、协调的发展格局必然导致我国高校心理健康教育体系、模式的重新建构，相对于心理健康教育以往的形态而言，这种新体系、新模式的建构就是我国心理健康教育事业的整体飞跃。

对我国高校心理健康教育发展而言，渐进发展过程中必然包含着飞跃发展的因素，飞跃发展通过渐进发展的积累来实现。忽视渐进发展，势必忽视对优良传统和优秀经验的继承，发展就失去了根基。忽视飞跃发展，势必导致对心理健康教育改革与创新的忽视，导致对新情况、新问题探索的忽视，发展仅限于量的增加而没有质的改变。因此，我国高校心理健康教育发展必是渐进与飞跃的统一。

三、合规律性与合目的性的统一发展

心理健康教育发展的合规律性，是指作为一种教育活动，心理健康教育是在一定教育规律的存在中发生发展的，心理健康教育的发展必然符合、遵循、反映着一定的教育规律和发展规律。规律是事物间及事物内部诸要素间的本质的、必然的联系，那么，事物的存在之处，教育活动发生发展之处，也就是教育规律的存在之处，是事物发展变化规律的彰显之处。比如，"对立统一规律""质量互变规律""否定之否定规律"是事物发展变化的普遍规律，对立统一规律揭示了事物发展的内部动力，质量互变规律揭示了事物发展变化的状态与过程，而否定之否定规律则揭示了事物发展变化的方向和前途。那么，对高校心理健康教育发展来说，也必然遵循着以下基本规律：矛盾是事物发展的根本动力。随着时代发展，我国高校心理健康教育系统内部必然存在着诸多矛盾，这些矛盾处于不停的对立斗争中，又不断地达到和谐统一，为其发展提供动力基础；同时，心理健康教育发展变化表现为事物状态上的转变，先是量的积累，再是质的发展，前面所提到的渐进与飞跃相统一的发展特征实质上就是质量互变规律在心理健康教育发展领域的具体体现。此外，事物发展变化的方向是从肯定到否定，再从否定到肯定，推动事物向前发展，我国高校心理健康教育发展也是如此，呈现出螺旋上升趋势。

心理健康教育发展的合目的性表明，作为人的一种社会活动，我国高校心理健康教育在其发展过程中必然呈现一定的目标指向性或价值取向性。人区别于动物的根本特征，是人具有主观能动性，这种主观能动性就是人的活动的目的性。人的这种能动性特点，决定人在活动中必定受一定的思想、意识所支配。世界不会满足人，人决心以自己的行动来改变世界。人的行动总是受一定目的支配。那么，作为一种特定社会行为的心理健康教育活动，必然是在一定科学目标指引下的发展。作为一种教育实践，心理健康教育与人改造自然实践的区别在于它是人改造人的一种实践活动，人向一定方向和状态的发展变化是活动的最终目的。那么，在这一教育活动中，体现得更多的是人的主动性，即对教育理念、教育内容、研究手段的自主选择，而这种自主选择也更多地取决于人的价值观念与目的性。此外，发展的合目的性还体现在心理健康教育发展的过程中，对教育科学性的追求是合目的性的。随着我国现代科学技术的发展，中国教育现代化价值取向明显，那么，教育现代化的价值取向不仅表现在教育手段、教育方式的现代化，更主要的是还体现在教育目的的现代化，即科技发展的为人性。因为科学的教育活动和研究发展是从为人的角度出发，心理健康教育的发展更是为了使社会和人得到更好的发展。

教育发展的合规律性是其科学性的展现。科学的发展观就是尊重客观规律的发展观。按照马克思主义哲学观点，任何事物都存在不以人的意志为转移的客观规律，人们只有尊重规律、认识规律、把握规律，才能最大限度地发展人的能动性和创造性。没有科学的合规律性的发展，教育发展的目的性就难以正常实现。而合目的性又是心理健康教育发展的具体方向，是实践活动中人们能动性的具体展现。没有明确的发展目的，心理健康教育就失去了其存在、发展的实际价值。因此，心理健康教育发展是合规律性与合目的性的统一。

四、内涵与外延结合的发展

发展有内涵发展与外延发展两种形式。内涵发展是指事物本质属性的发展，侧重于隐性发展；外延发展主要涉及事物外部领域的拓展，主要表现为显性发展。对高校心理健康教育来讲，内涵发展就是根据社会发展和学生发展的需要，其自身本质、特性、内在结构和功能的发展。具体来说，我国高校心理健康教育的内涵发展主要从调整内部结构入手，通过系统内部反映事物本质属性的构成要素的发展，如教育理念的发展、教育目标的调整、教育内容的改进、教育方法的改革、教育功能的完善来得以实现的。任何真正的发展，首先应当是内涵发展，只有内涵发展，才能保持和发展事物发展变化的自主性与主动性，减少依赖性与被动性。随着我国社会不断发展，人们对心理健康教育的认识不断深入，要求不断提高，期待不断增强，原有心理健康教育在理念、内容、方式、功能、效果等方面难以满足社会发展和人们的现实需要。社会发展的现实需要与我国高校心理健康教育实际发展不足的矛盾迫切呼唤心理健康教育加强内涵发展，提高教育质量，增强教育实效。如科学的教育理念作为正确反映教育本质和时代特征的教育理想，蕴藏着教育发展的思想，指明了教育前进的方向，确定了教育追求的目标。长期以来，我国高校心理健康教育存在着以问题为本的教育理念，在这种教育理念影响下，教育功能主要表现为心理疾病的治疗与心理问题的咨询，这种理念和功能与我国高校心理健康教育的本质、教育对象的特征、社会发展需求严重不符。在科学发展观的指引下，要努力树立"以人为本"的发展理念，人的发展才是教育的出发点和归宿，促进学生潜能开发、自我实现与全面发展，为建设我国和谐社会服务才是我国高校心理健康教育的真正价值所在。

我国高校心理健康教育的外延发展，主要不是在人员、时间、规模数量上的扩充，更主要是体现在领域上的拓展。一方面，我国高校心理健康教育的主要对象是在校大学生，他们有知识、有能力，好奇心强，对新鲜事物有较强的感受力和吸纳力，往往走在时代前沿，他们的生活往往渗透着鲜活的时代气息。我国高校心理健康教育要面向学生实际，走进学生生活，促进自身发展，就必须不断拓展教育领域，向学生所处环境、所学专业、所感兴趣等领域渗透。另一方面，我国高校心理健康教育的发展与社会政治、经济、人文、科技等各个领域休戚相关，心理健康教育的功能价值也必须通过这些具体领域而得以体现。因此，我国高校心理健康教育的发展也要遵循面向现代化、面向世界、面向未来的客观要求，向现代科技、现代经济所开辟的新领域拓展。

一般来说，内涵发展为外延发展提供前提和基础，外延发展为内涵发展提供舞台和条件。内涵得不到发展，教育就缺乏活力，难以走向时代开辟的新领域；外延得不到发展，教育就缺乏内在发展的平台和空间。因此，我国高校心理健康教育发展是内涵发展与外延发展的统一。

第三章 大学生健全学习心理

第一节 大学生学习心理概述

一、学习和学习心理的概念

在生命初期，婴儿的视力极差，只有光感，直到 3 个月大时才会开始看到较为清晰的人和物像，然而出生 12 个小时后便可分辨父母的母语节奏，并且有了偏好，发展心理学家发现胎儿在母亲肚子里就已经开始学习了。这种学习最初的形式，说明了人类对学习和体验新事物具有天生的欲望和能力。人类可以记住动物和事物的特点，并区分其中的不同，伴随学习的积累，对熟悉的事物产生习惯，更愿意注意到新鲜的事物，当学习的范围越来越大，知识的积累越来越多时，人类开始尝试创造。所以说，我们的成长是学习的结果，学习在时刻发生，只是学校的出现，使得我们将学习定义为读书和上学。

（一）学习的概念

学习的概念有广义和狭义之分。从广义上讲，学习是人和动物在生活中，通过不断实践而获得经验引起相对持久的适应性的心理变化。从狭义上讲，学习特指学校学习，是学生在教师的指导下，有目的、有计划、有组织、有系统地学习。

（二）学习心理的概念

学习心理的概念定义在狭义的学习概念上，指的是学生在学习过程中，受到多种内在与外在因素影响或刺激而形成的各种心理反应。大学生的学习心理研究主要从学习动机、学习兴趣、学习策略、常见的学习困扰等方面开展。对学生的学习心理进行管理和调节称为学习管理。

二、学习的意义

学习是人类有目的进行的一种实践活动，是人的本能要求。成年人慢慢被时代淘汰最大的原因不是年龄的增长，而是学习热忱的减退。人们很少将眼下的学习、工作与未来的生活、理想结合起来，学习成绩好不一定能找到一份好工作，工作出色也不一定能过上幸福的生活，没人能代替你生活，没人可以强迫你学习和成长，即使成功人士的典型故事复刻，也无法保证你会像他一样成功，学习的意义在哪里？要怎样对自己负责？答案就藏在自己心里。

大学是人生重要的转折点，也是未来的起点。大学生作为主动的学习者，当意识到当前的学习对未来意义重大，就会精力充沛地进入有意义的学习过程；当目前的学习与未来的理想联系起来时，思考意义的过程就会使你充满热情，产生更大的动力自主学习，并从中获取生活的快乐。

三、知识能力的分类

能力按照先天具有和后天培养可分为能力倾向和技能两大类。其中，能力倾向指与生俱来的特殊才能，也将其称为天赋，例如：歌唱和运动能力，这种能力虽生而就有，但也会因未开发而荒废，遗传和文化都是影响其发展的重要因素；技能是指经过后天学习和练习实践而形成的能力，如阅读能力、表达能力等，其获得与个人成长环境、意志力、所接受的教育等多种因素有关。

（一）能力倾向和技能

现实生活中，个人能力水平是能力倾向和技能双重作用的结果，如奥运健儿之所以会获得奖牌，是因为个人先天良好的身体素质和后天勤奋刻苦的训练。虽然一个人的成功与能力倾向和技能都密不可分，但不能将两者混为一谈。对世界上的每个人来说，不存在谁更聪明的问题，只存在不同个体在哪方面更聪明的问题。每个人都有自己独特的天赋，若能发挥出来，每个人都可以是最出色的。此外，技能有赖于后天努力学习，并不是真的能力不行或不具备这方面的天赋。被称为"黑色羚羊"的美国著名短跑运动员威尔玛·鲁道夫出生时仅有两公斤重，险些夭折，刚学会走路又不幸得了小儿麻痹，导致左腿萎缩，即使医生说她这辈子不可能站起来了，但她凭借坚强的意志刻苦训练，不仅重新站了起来，还走上了奥运会的舞台，赢得了三枚奥运金牌。所以不要拿"我在这方面没有天赋"当作借口，你只是缺乏机会学习和锻炼。

（二）技能的分类

大学阶段是发挥能力倾向、培养技能的重要阶段，在此期间大学生学习专业特长、建立知识结构、完善自我。美国耶鲁大学校长理查德·雷文说过："如果一个学生从耶鲁大学毕业后，只拥有了某种专业的知识和技能，那将是耶鲁教育最大的失败。"大学学习是一个完成学习能力培养、个人潜能开发，让学习者成为具有创造力、独立思考能力和终身学习能力的主体是"大学习"。这不仅要求培养大学生的信息获取能力、知识理解能力、应用实践能力，还应开发自我监督和自我管理潜能，最终获取具有语言推理、假设检验、决策和问题解决等思维技能和团队合作及组织等可迁移能力。除能力倾向外，技能还可分为三种类型：专业知识、自我管理技能和可迁移技能（又称通用技能）。

1. 专业知识

专业知识是一些特殊的词汇、学科内容或程序，需要经过专门的教育或培训而获得的知识或能力，多指个人所学专业、科目和知识。例如：外语、中国古代历史、电脑编程等知识。具有不同知识技能的人，就是我们说的"复合型人才"，这种技能的组合可帮助个人在生活和工作中更具竞争力。专业知识与个人专业和工作直接相关，故而知识技能是衡量个人基础能力的准绳。

2. 自我管理技能

自我管理技能常用来描述或说明个人具有的特征，因此被认作个性品质而非技能。它表明个体在不同的环境下管理自己的方式，例如勇于创新、循规蹈矩、认真踏实、敷衍了事、从容镇定、热情、自信等。良好的自我管理技能会帮助个人更好地适应环境、应对各种突发的问题。这类技能无法通过课程学习获得，无论是先天具有还是后天培养都需要在生活中随时培养练习。自我管理技能可以在生活、学习和工作领域中转换，如个人在生活中所获取的时间管理能力可以运用到学习中去。你以什么样的品质和态度面对从事的工作和生活，在多数情况下比专业内容本身更重要。

3. 可迁移技能

可迁移技能又称通用技能，是一种学习对另一种学习产生的影响，是一个人能够做的事，例如教学、说服、设计、安装、考察、分析、搜索、维修等。可迁移技能体现在生活的方方面面，特别是在工作之外得到发展，可迁移应用于不同的工作中。如医学生学习心理学课程，在了解病人心理时学会有效沟通，可以提高工作效率。此外，即使你从来没有做过宣传工作，这种沟通能力也将运用到医学科普活动中。无论生活和学习的环境如何改变，这类技能都将得以应用，可迁移技能是个人应用最持久、最可靠的技能。

与技能相关的一个重要概念，称为自我效能。自我效能感是指个人对自己的能力及运用该能力将得到结果所持的预判、信心或把握程度。自我效能是与能力密切相关的一个概念，研究发现，对个人行为和结果起决定作用的往往不是个人能力的高低，而是个人的自我效能感。例如：成人学习英语的难易程度与孩子学习中文的难易程度相当，但人们常怀疑自己能否娴熟地用英语交流。在生活和学习中，有的同学即使得到了他人的肯定，仍然会因为缺乏自信而停止行动，束缚了才能的发挥。

四、大学生学习心理障碍

学习是以一定智力发展水平为前提的心智活动过程，心理障碍是导致大学生学习困难的重要因素之一。在紧张的大学学习中，每个大学生都或多或少地存在不同时间长短、不同程度的学习困难，学会鉴别和正确看待学习心理障碍，避免其产生的心理问题，维持良好的学习状态，是提高学习成绩和大学生活质量的必经之路。大学生常见的心理障碍包含学习动力缺乏、学习情感偏差和学习疲劳三个方面。

（一）缺乏学习动力

缺乏学习动力主要是由于大学生上了大学后没有树立人生理想和学习目标，未能将梦想和社会发展结合在一起，对专业缺乏了解甚至厌恶所学专业，致使学习动力缺失、兴趣丧失，对待学习态度随意，学习成绩下降，并错误归因于专业太难、考试太严、运气不好、时间太少等外部因素，最终导致学习成绩不好、表现持续不佳甚至产生逃避和放弃心理。

（二）学习情感偏差

学习情感偏差是由于学生不能理智地支配情感，自控力差，加之未能达到预期目标或不能克服障碍威胁，自信心、自尊心受挫，失败和内疚交织引起的紧张不安、恐惧的情绪状态，长此以往则会导致学习倦怠，负面情绪严重，并伴随食欲下降、疲劳、睡眠质量变差、抵抗力差等生理症状。学习情感包含情操和情绪。

1. 自控力差

自控力差是由于学习情操偏差导致的，情操是一种习得的、比较高级和复杂的情感，与人的社会需要相联系，主要表现于理智感、道德感和审美感，是推动学习的强大动力。学校开展各项活动，即使活动再丰富，仍有学生找各种理由不参加，或者到场却不配合。

2. 冷漠、焦虑、抑郁等负面情绪

常见的学习负面情绪表现为冷漠、焦虑、抑郁等。情绪具有情境性、激动性、短暂性、易显性等特征，其与生理需要相联系。冷漠与爱和意志有密切的关系，有的同学对学习、课外活动、学校生活都提不起兴趣，对学习中任何刺激都无动于衷，不关切、不动心，心情平淡，长期如此易产生强烈的空虚感；有的同学因为考试日期将近，考试课程较多，一次考试失利或社团竞选失败，怀疑自己的能力，带来情感上的失落；有的同学在学习或生活中遇到挫折时，感到生活糟糕至极，顿时对自己或学习厌恶至极，产生强烈的无力感。

研究表明中等水平的焦虑有助于学习，高焦虑只有与高能力相结合才能促进学习。夸大失败或过度的不良情绪会对个人表现起不良作用，使得专注力难以维持，出现"头脑一片空白"的现象。可利用心理暗示、宣泄、放松训练、保持正常作息、寻求团队支持的方法摆脱不良情绪，控制情感，发挥自我调节能力，保持自信心，摸索适合自己的学习方法，都是有助于克服不良情绪的做法。

（三）学习疲劳

学习疲劳是由于长时间持续学习，在生理和心理上产生劳累，导致学习效率下降，甚至头晕目眩的生理症状，不能继续学习的状态。

生理上的学习疲劳表现在长时间学习后，肌肉受力过久造成的肌肉痉挛、麻木、眼疼发胀、腰酸背痛等现象。心理上的疲劳是在长时间心智活动后，大脑皮质兴奋区的代谢速度逐渐提高，恢复过程跟不上消耗过程，导致脑细胞处于抑制状态得不到休息引起的感官活动机能降低、注意力涣散、记忆力减退、思维迟滞、情绪焦躁、厌烦、易怒等现象。以上学习疲劳均导致学习效率迅速下降。

学习疲劳是人体的保护性抑制，通过适当的休息可得到恢复，但如果继续坚持学习，会使身心长期处于疲劳状态，导致大脑抑制和兴奋失调，甚至成为神经衰弱。因此，在学习时要注意劳逸结合，配合适当的文体活动，保证充足的睡眠，维护大脑清醒、精神振奋。

第二节　学习策略应用

一、学习策略概述

世界著名未来学家阿尔文·托夫勒洞察到现代科技将深刻改变社会结构和生活形态，他说："未来的文盲不再是不识字的人，而是没有学会学习的人。"科技迅速发展，信息社会不断变革，使得有些知识总有一天会变得陈旧无用，不断学习才能不被时代抛弃，而学会学习，掌握学习知识的正确方法才是真正重要的品质。目前，大学生对学习策略的应用水平普遍较低，大多数学生具有一定的学习策略知识，但对其恰当选用显得盲目，同时对于知识本身，只关注课堂学习，而不重视对知识的深加工和资源的合理配置，巩固知识的方法掌握得不好。面对当下的学习任务，找到知识的规律，遵循学习规则，避免拖延，将资源最大化利用来帮助我们提高学习效率，是大学生急需掌握的技能。

（一）学习策略的概念

学习策略是学习者为了提高学习效果和效率，采用的规则、方法、技巧和调控方法的总和。学习策略的使用是学生学会学习的重要指标，目的在于用较少的"能源消耗"有效地实现学习目标，进而提高学习效率和质量。学习策略具有以下四个特征：学习者为了完成学习目标而主动使用；是有效学习所必需的；其与学习的过程相关；主要体现在学习计划上，由规则和技能组成。

（二）学习策略的分类

学习策略可分为认知策略、元认知策略和资源管理策略三方面。认知策略对学习者的心理过程起调节和控制作用，是一种特殊的程序性知识，如复述策略（简单的知识多重复，复杂的知识做标记）、精加工策略（做笔记，自我提问，利用已有知识背景与新信息产生联系）、组织策略（列提纲，画出关系图，制作表格，将新旧知识进行整合）等；元认知策略可对学习者的认知过程和结果进行有效的监管和控制，是关于个人自我认知过程和调节这些过程的能力，如自我计划策略（制定学习目标，提出待回答的问题，分析如何完成学习任务）、自我监控策略（自我提问，考试时监测答题速度，阅读时注意跟踪效率）、自我调节策略（做法与自我监控策略类似）等；资源管理策略辅助学习者管理可用的环境的资源，包含了时间管理、学习环境管理、努力状态和寻求支持策略等。

二、探索学习风格

学习风格是指学习者对学习环境的感知和认知方式，这种学习方式结合了学习者的学习策略和倾向，表现出相对稳定且具有个体特性的学习方法。当个人的学习方式没有受到学习环境和内容的影响，始终保持连续和连贯的学习策略和倾向时，其所特有的学习风格便得以确定。

（一）学习风格的特征

学习风格的形成受到先天生理因素和后天环境影响双重作用，学习者基于个人的生理特征，并在家庭环境和教育方式影响下，逐渐形成了具有个人特征的学习模式，其中个人性格、思维方式和观念意识等内部因素在学习风格形成中起决定性作用。学习风格具有以下四个特征：个人的生理特征和学习环境存在差异，学习风格具有独特性；学习方式一旦形成，不会轻易发生较大变化，学习风格具有稳定性；随着年龄和阅历的增长，学习风格也会改变，具有可塑性；学习方式在学习活动上得以直接体现，学习风格具有直接性。

（二）学习风格的八种类型

学习风格包括八种类型，从知识的加工方面分为活跃型和沉思型；从知识的感知方面分为感悟型和直觉型；从知识的输入方面分为视觉型和言语型；从知识的理解方面分为序列型和综合型。

1. 活跃型

活跃型学习者更倾向于积极地参与学习过程，乐于讨论、解释和应用所需掌握的信息，但急于求成，不能全面细致地分析问题。这类学生多采用整体加工的方式，在需要整体完成学习任务时，表现较好；在面对阅读、推理等学习任务时，常表现不佳，甚至伴有学习能力缺失。这类学生人际智力突出，参与、分享和合作形式的学习效果最好。

2. 沉思型

沉思型学习者通常会在考虑周全后再作反应，精确度高，当面对熟悉且简单的问题时，反应较快；但当需要解决复杂问题时，反应较慢。这类学生善于细节性加工，在阅读、记忆、推理、创造力能方面都表现较好。这类学生内省智力突出，适合独立学习。

3. 感悟型

感悟型学习者对细节很有耐心，对知识的学习更加实际和仔细，擅长记忆事实，喜欢做现成的工作，但是面对复杂和突发情况，往往表现不佳。这类学生自然观察能力较强，通过直接观察和体验式的学习效果较好。

4. 直觉型

直觉型学习者善于发现事物之间的关系，对新概念和新知识有较大的热情，能够理解抽象的知识，更具创新能力，但面对需要重复性的学习内容时，往往没有耐心。这类学生逻辑思维较好，利用抽象思维寻找一般规律的学习效果较好。

5. 视觉型

视觉型学习者擅长记住他们所看到的东西，如影片、图表、演示等内容，可以在同一时间段内接收多项信息，善于发现细微的细节，但易于被其他容易看到的事物干扰。这类学生视觉空间智能突出，对知识内容做标记，有助于这类学习者获取知识。

6. 言语型

言语型学习者善于通过文字和口头解释获取知识，喜欢用口述和笔记的形式表达信息，但当过多的文字和口头信息输入时，其表现会受到影响。这类学生词语智力较为突出，用听说的方式学习效果最好。

7. 序列型

序列型学习者倾向于按部就班地寻找答案，习惯于按照线性步骤理解问题，每一步都相互关联，符合逻辑，逐渐深入学习，但一旦信息衔接不上，往往失去头绪，甚至影响前面获取到的内容，在面对需要将不同信息相联系时，往往表现不佳。

8. 综合型

综合型的学习者能够快速地解决问题，喜欢没有特定计划、随意地接收信息，一旦找到了信息的主要部分，就会用新奇的方式将所有信息整合起来，但对知识的细节把握模糊。

学习风格不是绝对的，没有好坏之分，每个人都具备这些倾向，只是表现出的倾向程度不同，选择适合自己的方式，在最擅长的领域学习。没有人能够学会所有的知识，重要的不是喜欢或习惯采用某种方式，而是发现和接受自己，挖掘潜力，发挥所长。

三、学会时间管理

当你在图书馆泡了一整天，却一直在看手机，或是学了一天感觉头昏脑涨，什么也没看进去，这就是典型的时间管理问题。在学习中无论是拖延、纠结，还是低效，都与时间管理密切相关，它直接影响我们的学业成绩和生活质量。大学生学习的改变首先从改变行动开始，而改变行动最主要的一点就是学会管理时间。

（一）时间管理的概念和作用

时间管理是指对时间计划、安排、控制、分配、使用、反馈等活动，以实现相应的目标。时间管理包含三个方面：时间价值感，即对时间的功能和价值的态度和观点；时间监控观，即利用和统筹时间的能力和观念；时间效能感，即对自己驾驭时间的信念和预期，体现了个人对时间管理的信心和行为能力的估计。

时间管理既是手段，也是能力。善于驾驭时间的学生对学习更有掌控力，有更强的自信心和自尊心，能够出色地完成学习任务，提升学习效率，提高学习成绩，此外，时间利用率越高，业余时间就越多，留给个人娱乐和休息的时间越多，良好的生活质量和身心健康就得以保障。

（二）学会时间管理

怎样进行时间管理：

1. 认识时间

在面对学习困难时，常会选择逃避或拖延，拖延和逃避就像"龟兔赛跑"中兔子的那一觉，在拖延和逃避的同时，已经失去了优势，等待的只有对手的反超。尝试着计算拖延成本：写下一周内确认已经安排好的日程，详细记录每天确定要完成的事情，将记录间隔分为一个小时。回顾一下，在一周的非计划日程中，有没有未安排完的事情？一周内有多少时间用于完成目标？是否对要做的事情感到烦心？最后，思考产生各种心理感受的原因。

2. 体验与反思

时间管理还需要行动，在具体操作时可借助以下方法：明确真正要做的事情，同一个时间内只做一件事；向他人做出承诺，利用监督的力量克服困难；当感到不在状态时，告诉自己再坚持 5 分钟；注意力无法集中时，定好闹钟休息 10~15 分钟；回顾要做的事情和完成时间，反思还存在什么问题？该如何做出改变？

时间管理是一种技巧，不要为此感到紧张或担心，每个人都有适合自己的管理方法和能力，只要开始行动，你的态度就会发生变化，加入专注力，方法也将随之变得科学。时间管理不是让你日夜不息，要给自己留有休息和娱乐的时间，无论是提高学习效率，还是专注娱乐，目的都是成为一个期待的自己。

四、记忆方法与学习

记忆是将获得的知识存储和读出的过程，也是认知系统的重要环节。所有推理、运算、语言、分析等的高级认知活动的基础都是记忆。三级加工模型将记忆分为瞬时记忆（又称感觉记忆）、短时记忆（又叫工作记忆）、长时记忆。瞬时记忆是信息进入大脑，刺激作用于感觉器官所引起的短暂记忆，其保持的时间在 1 秒左右，此时的信息都处于未加工的原始状态。短时记忆是当信息经过瞬时记忆的筛选进入登记阶段，是长时记忆的中转站，短时记忆的容量有限，只能一次记住 7±2 个无意义的组块，若不经过复述很容易被遗忘。长时记忆是信息的存储中心，能够永久存储信息，它的容量是无限的，长时记忆以有组织的状态存储，主要由短时记忆复述而来。

（一）影响记忆的因素

系列位置效应使得我们对学习内容的开头和末尾记忆深刻，如在背课文时，前几句话总是印象最深，学习内容的中间部分由于受到了前面和后面内容的前摄抑制和倒摄抑制，导致中间部分记忆效果最差；记忆具有场合依存性，学习环境和记忆线索的匹配度会直接影响记忆效果；当学习内容既有意义又可理解时，记忆效果最好；当相关领域知识越丰富，情绪越正向时，记忆效果越好。我们可以利用记忆的特点和影响因素，强化大脑功能，提高记忆力。

（二）记忆策略

1. 及时复述，定期复习

经过瞬时记忆筛选的信息首选进入短时记忆，短时记忆中的一部分经过复述进入长时记忆，未经复述的部分在短时记忆中保持一分钟左右后将被遗忘，因此需要及时复述，调动身体器官，集中注意力重复知识内容加强有效的记忆。人们遗忘的过程是先快后慢，在知识内容记忆 20 分钟后会遗忘 40%，而在几天之后，记忆的内容将所剩无几，定期复习可以有效减缓遗忘进程。

2. 联想记忆，增强理解

长时记忆的内容是相互联系着的，在记忆过程中通过提问，加深记忆内容的理解，主动将现学的知识与以往的知识联系起来，采用图像、颜色标记、不同记号等手段可调动左右脑加深记忆。

3. 匹配环境，调节情绪

给学习内容想象一个尽可能详细的图像，反复练习可帮助大脑在想象中获得体验感，增强记忆。考试前夕，在模拟的考试环境下学习和识记，可帮助大脑提取与记忆情景一致的信息。紧张的情绪会破坏记忆和认知作用，调节好正向情绪，记忆效果才会提高。

除了以上记忆策略外，将学习环境和娱乐场所分开，布置学习环境，使桌布、墙壁等颜色具有寂静感，都可以帮助记忆。此外，在学习时不受干扰，提高注意力，专注在所要记忆的内容上是最基本、最重要的记忆方法。

五、创造性学习

社会发展、科技进步对大学生的创造能力提出了新的要求。我们通常把创造力与出类拔萃的天才联系起来，人们普遍认为自己的创造力不够，但实际上，创新无处不在，策划一个活动，想到一个舞台剧的点子，排练一段舞蹈，改编一首歌曲，甚至组织一场学习交流班会，都是创造力的体现。在学习中，培养创造精神，可以增强同学之间的合作意识，增进学习交流，使得学习方法和学习能力都得到提高。

（一）创造性学习的概念

创造性学习指的是学生在学习的过程中不局限于教材上或老师所讲授的内容，能够提出独到新颖的观点和方法。创造性学习主要在个人的学习活动中体现：在实践中，能够找到不同的推导过程或思维过程来指导实践；在学习中，能够独立自主地思考，探索出与之前相同的或不同的推论和判断；在解决问题或分析问题时，具有批判精神，全面考量，找到多种方法和途径。

（二）创造型思维的培养

创造性学习的核心是进行创造型思维，它包含了发散思维和聚合思维：发散思维的思路是面性的，主要依赖右脑的审美型生理机制，追求更多、更新的想法；聚合思维的思路是线性的，主要依赖左脑的分析型生理机制，追求更理想、更科学的可能性。当个人的思维进行发散到聚合，再发散到再聚合的活动，促使意识状态从不平衡到平衡，再从新的不平衡到新的平衡，此时新的观点和思想得以产生并发展。创造性学习能力可以从以下四点进行培养：

1. 积累知识

创新的基础是认识对象，在事物尽可能多的角度上发现问题，分析相关联系，从而获取解决问题的办法。获取的知识越丰富，越容易将知识以有用的方式整合起来，获取的知识才会更有深度和广度，创造前景才会更广阔。

2. 培养创造性思维

首先，学会质疑的方法，对学习内容中已有的观点、结论和成果进行大胆存疑，提出问题，寻找突破点。其次，解放大脑，进行大胆想象，可以帮助我们冲破知识经验的束缚，反思过去，为创造架起桥梁。

3. 拥有热情

无论是学习知识还是追求真理，都需要坚强的意志和持续的关注，天才出自勤奋，进行创造性学习需要顽强的意志品格。积极参与学习交流、设计竞赛等活动，在激励环境中吸取经验，保持求知欲和好奇心，在交流和激励中产生新思维。

4. 坚持实践

经验可以指导实践，实践反过来会完善经验。实践有助于巩固和理解知识，使抽象的理论变得生动具体，同时理论在实践中相互作用，联系整合，众多的新问题也在实践中应运而生。

在大学生的学习过程中，尝试新事物，开辟新思路，换个角度思考问题，不仅有助于找到解决问题的方法，获取实现目标的途径，还可以在这个过程中发现新思路、新办法，创新也随之而来。每个人都有创新的能力，只是你没有给创新松绑。专注自信，热情开放，创新就无处不在。

第四章　大学生人际交往心理

第一节　大学生人际交往概述

人的一生几乎都是在与他人的交往中度过的，人际交往可以使人学习知识、掌握技能。积极的人际交往有助于人的个性形成和社会适应，消极的人际交往则会导致人的心理冲突、人格变异，阻碍其对社会的适应。从人生发展的角度来看，人际交往对大学生的成长发展有着直接的影响，与大学生素质的提高、人格的完善有着密不可分的联系。

一、人际交往概述

（一）人际交往的内涵

人际交往本质上是人们实现人际关系的手段，是人们交流信息、消除生疏、加深了解、获得肯定或否定体验等的重要途径。在现实生活中，人与人之间的交往频率调节着人际关系的亲疏远近。通常情况下，人们之间的交往频率越高，那么人际关系也就越会向纵深发展；交往频率越低，那么人际关系也就越趋于淡化。

（二）人际交往的理论基础

1. 人际需要的三维理论

人际需要的三维理论是由社会心理学家舒茨提出的。该理论强调，每一个个体在人际互动过程中，都有情感需要、包容需要、支配需要这三种最为基本的心理需要。

（1）情感需要

情感需要是指个体在人际交往中建立并且维持与他人亲密的情感联系的心理需要。在个体早期的生活经历中，适当的关心和爱，可谓是个体形成理想的个人行为的重要因素之一。只有个体在得到充分的关心和爱之后，他们才会善待自己和他人，合理地表达自己的情感和接受别人的情感，与他人最终建立良好的人际关系。

（2）包容需要

包容需要是指个体想要与人接触、交往，并加入某个群体，从而与他人建立、维持一种满意的相互关系的心理需要。其表现形式通常有主动与被动两种：主动包容，即个体自己主动想与他人交往、相容，表现出积极的态度；被动包容则指个体期待他人能够接纳自己，总是体现出一种消极、退缩的态度。在个体早期，家庭教养方式对其人际交往的影响颇大。如果父母与孩子交往过少、过密，都不利于个体形成十分理想的人际关系。只有父母适当的陪伴、沟通，才能使孩子具有主动的包容需要，从而在其未来的生活、学习和工作中，产生良好的人际关系。

（3）支配需要

支配需要是指个体控制别人或者被别人控制的心理需要。在个体早期的生活经历中，假如成长在既有规则又有自由的民主气氛的环境中，那么便会形成既乐于顺从又可以支配的民主型行为倾向。如此一来，个体就可以按照具体情况来适当地确定自己的地位和权力范围，也就能合理地解决人际关系中与控制相关的问题。这也正是所谓"在其位，谋其政""不在其位，不谋其政"。

综上所述，可以看出，人际需要一旦不能得到充分满足，那么就很可能导致个体产生人际交往的心理障碍或其他心理问题。个体早期的人际需要的满足程度及由人际需要形成的行为方式，对个体在未来的人际关系中有着重大影响。

2. 社会交换理论

社会交换理论是由美国社会学家霍曼斯创立的。在解释人的社会行为时，霍曼斯引用了经济学领域中的概念，他主张社会互动行为可以被理解为一种商品交换的过程。当然，这里人与人之间的交换并不只是物质商品上的交换，而且还涵盖了信息、地位、情感、荣誉等诸多非物质内容的交换。不仅如此，与商品的交换原则一样，人际交往之间也应是等价的、公平的。当个体与他人进行交往时，总是希望获取一些利益，并且也准备给予他人一些回报。

社会交换理论强调，公平性是人际交往的关键因素之一。毕竟公平可以使人建立起一种相对稳定和愉快的关系，不公平则会让交往双方都可能产生不悦的情绪，从而影响他们交往的融洽性。

（三）人际交往过程中的人际吸引

人际吸引是指个体与他人之间情感上形成的一种相互亲密的状态。人际吸引是人与人之间建立关系的首要步骤，所以其属于人际关系中的一种肯定形式。人际吸引有程度上的高低之分，并且主要有以下五方面的影响因素。

1. 外貌吸引力

外貌吸引力在人际交往过程中可以产生巨大的作用。很多时候，外貌良好的人总是容易给他人留下较好的第一印象，这主要是由于晕轮效应，即人们总是觉得外貌美的人，其他方面也十分优秀。事实上，在实际的人际交往过程中，许多人倾向于喜欢接近一些外貌出众的人。

2. 熟悉性、邻近性

一般而言，如果一个人对另外一个人越熟悉，而且双方在其他方面的条件也大体相当，那么他们之间交往的可能性也就越大。毕竟物理空间距离相对较近的人们，见面机会也就较多，也就越容易产生吸引力，从而也就越能够拉近他们的心理距离。这也就是影响人际吸引的熟悉性与邻近性因素。

3. 人格品质

影响人际吸引的最稳定因素，其实就是人格品质。关于人格品质，受喜爱程度最高的六个人格品质是：真诚、诚实、理解、忠诚、真实、可信；受喜爱程度最低的品质则包括说谎、装假、不老实等。这就不难看出，不论是受喜爱程度最高的品质，还是受喜爱程度最低的品质，其都与真诚、诚实有关。于是，真诚、诚实等人格品质在整个人际交往过程中，最为交往双方所看重。

4. 相似性

有研究调查显示，在人与人的交往过程中，人们普遍更愿意与自己各方面情况相似的人交往。可以说，相似性是影响人际吸引的一个重要因素。相似性通常包括以下几方面内容：其一，年龄、经验方面的相似；其二，兴趣、爱好等方面的相似；其三，理念、价值观及人格特征方面的相似；其四，社会背景、地位等方面的相似。

5. 互补

互补有时总会被认为是相似性的特殊形式。当交往双方在某些方面看起来互补时，彼此会增加额外的吸引力。以下几种互补最能增加交往双方的吸引：其一，生理需要与心理需要的互补；其二，社会角色的互补；其三，性格等方面的互补。假如双方同时具有这三种互补之时，那么人际吸引可谓是最为强烈的。

二、大学生人际交往概述

大学生处于其生活转变的关键时期，建立良好的人际关系对他们而言，是十分重要、十分紧迫的事情。

（一）大学生人际关系的作用

对大学生而言，正常的人际交往和良好的人际关系是其心理正常发展、个性保持健康和生活具有幸福感的必要前提。具体来说，大学生人际交往的意义主要体现在以下几个方面。

1. 有利于促进大学生的心理健康发展

德裔美国心理学家和精神病学家霍妮认为，人际关系紊乱是神经症的重要表现之一。人类的心理病态，通常来源于人际关系的失调。一般来说，人际关系紧张的人，不但在事业上会受阻，而且情绪也容易失控，从而经常陷入极大的痛苦之中。

因此，积极健康的人际交往可以提升大学生的心理健康水平。心理学家奥尔波特发现，个性成熟的人，往往与别人有着良好的交往和融洽的关系。这是由于他们可以很好地理解别人，容忍别人的不足、缺陷，具有给人以温暖、关怀和爱的能力。

2. 有利于促进大学生的个性与社会化发展

心理学的研究结果显示，幼儿与其照看者之间通过积极的交往所形成的稳定的亲密关系，是其心理以及生理正常发展的重要条件。对大学生而言，人际交往也是其个性发展与人格健全的基础。毕竟离开社会的交往环境，离开与他人之间的合作，那么大学生将无法成为一个合格的社会人。因此，大学生也只有通过人际交往，才能逐渐学会更多的知识、技能等，进而最终成为一个更成熟的社会人。

3. 有利于促进大学生的成长

大学时期是面临各种各样复杂人际关系的时期。大学生在该时期的交往经验，将会对其未来的成长产生十分重要的影响。

对新时期的大学生而言，要想在激烈的人才竞争中脱颖而出，不仅要有出众的才华，更要有适应社会生活的能力以及良好的人际协调能力。当今社会，知识的更新换代较快，每个人都需要持续补充、更新知识。不过，单凭个人的能力是极为有限的，而积极的人际沟通与交往，其实是获取新知识的绝佳途径。作为思想极为活跃的大学生，倘若他们之间可以畅所欲言、互通有无，那么这就能使其在思想的碰撞中产生新的火花，进一步让他们对人生、对世界产生更积极的看法。

4. 有利于提高大学生的生活学习效率

人际交往通常都是在一定的群体中进行的。个体成员就是在这种相互的接触中进行沟通、交流，并且相互了解、相互产生影响作用的。假如人与人之间没有交往或者交往过少，那么就会由于缺乏彼此之间的理解、信任等，而在观点、态度、个性及生活中的各种事情上产生各种矛盾和冲突，进而造成个体的烦恼和痛苦。因此，有了正常的交往，大学生才能不断地走向成熟，不断地调整自己，不断地协调与他人之间的关系，最终使自己在一个良好的人际关系状态下提高生活学习的效率。

（二）大学生人际交往的基本特征

1. 相对注重情感需求

大学生的人际交往通常较为纯洁、坦诚。在大学生的交往动机中，很少有功利性趋向，大多数有较多的情感性。例如，有一项关于大学生交友原因的调查研究，其结果显示：有一半的大学生认为交朋友主要是谈得来，另外一半的大学生认为是有较多的感情因素。由此可见，大学生的人际交往十分注重情感需求。他们向往真诚、纯洁的友谊，注重情感的沟通、交流，并且是为了自己获得情感上的满足。当然，这种情感需求不仅有消除孤独、寻求友谊的需求，同时也有与异性交往、获得爱情的需求。

2. 愿望的迫切性

正处于青年时期的大学生，他们往往思想活跃、精力充沛、兴趣广泛，有着十分强烈的人际交往愿望与需要。他们总是努力通过人际交往去了解他人、认识社会、获得友谊等，从而满足自己物质、精神上的诸多需要。因此，大学生十分希望被人认可、接受、尊重、理解，需要得到良好的人际交往机会、平台。

3. 平等性

有调查研究显示，多数大学生会认为人与人之间的交往必须是平等的。这主要是由于大学生的自我意识相比以往有了增强，产生了彼此关系的非利益冲突、较强烈的平等交往意识等。尽管每个大学生之间存在着方方面面的差异，如家庭背景、性格特征等，但他们在交往中却有意识地寻求平等的机会、过程与结果。这也就是说，在人际交往中，大学生不仅对他人平等相待，而且也希望他人平等对待自己。

4. 多元化

如今，大学生人际交往的多元化，主要体现在以下两方面。

（1）手段的多元化

在当今信息化社会中，网络的快速发展为大学生的交往提供了更为广阔的交往空间与交往平台。大学生不仅可以在学校内外通过正常的社团活动、联谊活动、文体竞赛等与他人进行交往，而且还可以通过网络与他人进行交往，从而使其人际交往手段变得更为方便、快捷，而且交往距离更远、交往范围更广。

（2）内容的多元化

由于大学生求知欲强，因此他们对各种自然的、社会的现象都较为关注。这也导致他们交往的内容较为丰富。例如，他们不仅寻求感情、寻求友谊、寻求爱情，还寻求专业以及感兴趣的各方面知识、信息等。

5. 对异性的敏感性

大学时期，大学生非常渴望与异性之间形成稳定而和谐的关系。不过，当代大学生在与异性同学的交往过程中，往往面临着"不知如何与异性很好相处"的窘境。所以，一些大学生在某种不良心理因素的作用下，总认为与异性之间的交往没有与同性之间交往得那么自如；还有一些大学生由于受到传统观念或舆论压力的影响，十分担心别人的非议，因此，在与异性进行交往时，常常表现得较为敏感。

（三）大学生人际交往的原则

大学生在建立良好的人际关系时，应当结合现实的基本原则和要求。大学生想要建立良好的人际关系，其在人际交往过程中就必须遵循以下几项原则。

1. 平等原则

平等原则是指大学生在相互交往的过程中，应当做到平等对待，不能有任何的歧视。该原则是大学生人际交往过程中最基本的原则。

每个大学生既有年龄、经历、文化水平等方面的相似性，也有家庭背景、经济水平、性格特征等方面的不同。但每个大学生无论来自城市还是农村、无论是文科生还是理科生、无论家庭是富裕还是贫困，都没有高低贵贱之分。所以，大学生在交往的过程中，不能由于一些方面存在差异而看不起别人，而且更不能由于自己良好的背景、条件等而自命不凡、目中无人。否则的话，这样的大学生就会脱离集体，最终孤单一人，没有任何朋友。

2. 尊重原则

所谓尊重原则，即大学生在相互交往过程中既要尊重自己也要尊重他人。尊重自己，就要求大学生在各种场合都要自重、自爱，不做有损自己人格尊严的事情；尊重他人，就是指大学生要重视他人的人格和价值，不做有损他人人格尊严的事情。

俗话说："敬人者，人恒敬之。"每个大学生都有自己的人格尊严，并且十分期望在各种场合可以得到他人的充分尊重。所以，对当代大学生而言，在人际交往的过程中必须遵循尊重原则，在与他人交往时不仅要自尊自爱，同时也要尊重他人。

3. 宽容原则

宽容原则是指大学生在相互交往的过程中，对非原则问题不计较、不追究，可以理解、谅解他人，求同存异。

宽容是一种较好的心态，有助于扩大大学生的交往空间，消除人际交往过程中的紧张、矛盾。毕竟在人际交往过程中，由于个体差异性的存在，难免会有一些误会，进而产生矛盾。此时，大学生应当宽容别人。而一旦他人对自己产生偏见或是做出有损自己的事，自己就耿耿于怀、以牙还牙，那么这势必导致恶性循环，于事无补。

4. 诚信原则

诚，指诚实、诚恳；信，指信用、信任。诚通常指主体真诚的内在道德品质，而信则是主体"内诚"的外化。

对大学生来说，在交往中讲诚信，就是要坦诚相待，遵守诺言，实现诺言。当然，由于大学生群体的一些特殊性，他们的信用通常不会像社会政治与经济交往等领域中一样受到各种法律的约束，而主要是依靠道德力量来进行约束。为此，大学生在人际交往过程中，只有坚持诚信原则，才能建立和保持良好的人际关系。

古人云："言必行，行必果。"大学生要想交到知己良朋，就必须做到诚信，这样才能赢得他人的信任。

5. 互利原则

所谓互利原则，是指大学生在与他人的交往过程中，使双方都能得到好处、利益，从而在心理上获得相应的满足。具体来说，这种互利的形式通常包括物质互利、精神互利和物质与精神兼利等。

对大学生而言，交往中的互利主要体现的是精神上的互利。大学生特殊的生理和心理特点，也就决定了他们最希望别人可以理解自己，从而得到别人的理解、支持。因此，大学生通常更为注重在精神需求方面的互利。

6. 理解原则

理解不等同于简单的知道、了解。在大学生人际交往过程中，大学生不仅要细心了解对方的处境、心情、性格、好恶等，而且还要按照彼此的实际情况，主动去调整或约束自己的行为，从而尽量给他人以关心、帮助，多为他人着想。总而言之，相互理解是促进大学生人际交往的一个重要条件。事实上，大学生人际交往方面的许多问题都是由于彼此之间缺乏理解而导致问题不断升级的。

（四）大学生人际交往的类型

大学生在人际交往中，按照不同的标准可划分为不同的类型，其具体如下所述。

1. 以交往对象为标准

（1）与同学之间的交往

同学是大学生人际交往中最基本的对象，而且同学之间的交往在整个大学生的交往对象中占据着主要地位。总体而言，大学生与同学之间的交往，具有普遍性和复杂性。具有普遍性是由于同学之间年龄相仿，经历类似，爱好相似，又有许多的时间在一起共同学习、生活，所以比较容易相处。具有复杂性则是由于同学之间的生活习惯、个性特征等存在诸多差异，加之交往频率较高，缺乏协调人际关系的经验，因此在交往过程中难免会发生一些矛盾或问题。但是，从整体来看，大学生同学之间的交往表面上相对和谐，只是经常缺乏真诚的关心和理解，即双方达到亲密关系的较少。

（2）与家庭成员之间的交往

家庭是人永远的感情寄托。在进入大学后，大学生的父母都逐渐开始将其作为一个成人来看待，因此这也就使得大学生在家庭中的地位有了明显的转变。目前，多数大学生远离家庭，只能通过通信、寒暑假回家等途径与家庭成员保持联系，由于与家人见面机会的大幅减少，从而使得大学生与家庭成员之间的交往比大学时代之前更为融洽。

（3）与教师之间的交往

大学教师在大学生的生活中扮演着多种角色，所以也是大学生人际交往的重要对象之一。一般来说，学生思想品德的形成、知识的需求都与其教师的交往密切相关。但是，在大学时期，由于教师与大学生的接触通常不如中小学阶段那样频繁，加之其交往内容通常局限于传授知识等，从而导致双方感情上的交流相对匮乏。不仅如此，由于大学生独立性在此阶段的提高，使得师生之间的关系更为疏远，通常只是流于形式。

2. 以交往意愿为标准

（1）主动型

处于这种人际交往类型中的大学生，通常会对人际交往有着较为深刻的认识，而且表现出较大的交往兴趣和热情。他们总是踊跃参加学生社团活动，并且经常会主动承担一些社会活动，从而在参加各种活动中进行交往。

（2）被动型

被动型人际交往中的大学生，通常会不满意过去封闭的交往形式，十分渴望真诚与诚实的交往对象。但是，由于自身的性格、过往的经历等因素的影响，使得他们在交往过程中较少主动进行交往。

（3）沉静型

一些大学生习惯过平静的生活，加之性格比较孤僻，因此平日少言寡语、不善交往，只和极少数人保持交往。当然，这种类型的大学生相对而言较少。

3. 以关系性质为标准

（1）挚友型

挚友型的人际交往是大学生人际交往关系中最为密切、最为可靠的一种类型。与此同时，这也是朋友关系之间的最高境界。这种交往往往需要交往双方相互信任、相互帮助、经得起时间的考验等。而大学生要想建立这种挚友型的友谊，那么就需要彼此双方有相似的世界观和理想追求，有相似的经历，有相互的了解，有较长时间的交往等。

（2）伙伴型

伙伴型人际关系主要有以下一些特点：双方关系相对较为松散，相互之间有利益上的关系，交往带有较大的偶然性，彼此之间了解不深、缺乏稳定性。一般来说，伙伴型人际交往通常会随着利益、时间和地点等条件的改变而改变。在大学的学习生活中，大学生在很多时候需要建立这种伙伴关系，毕竟其有一定的实用性。

（3）好友型

大学生在这种交往类型中形成的好友关系，可以说双方之间有一致的某些性格特征与兴趣爱好。好友型关系相对比较稳定，但随着环境的改变，好友的一方可能由于结识新朋友而忽视以前的好友。因此，大学生对好友的期望值往往不应太高，以免给自己造成不必要的情感伤害。在交往过程中，处于好友关系中的大学生应当正确评价和估量双方关系，掌握轻重与分寸，以维护、加强彼此之间的关系。

（4）网友型

在当代社会，网友型人际交往是当代大学生在人际交往中的一个常见类型。网友型的人际交往双方主要是通过网络进行沟通、交流，从而在扩大了大学生交往范围的同时，又给大学生的人际交往带来了诸多弊端，尤其是近年来频繁出现的痴迷成瘾、网络诚信等问题。由于网络本身具有虚拟性、开放性、多元性等特点，因此，网络人际关系也总是呈现出随意性、宣泄性、多维性、不确定性等特点。为此，大学生应当谨慎对待这一类型的交往对象。

（五）大学生人际交往的影响因素

大学生在人际交往和良好人际关系建立的过程中，总是会或多或少地受到一些因素的影响。下面则是几种主要的大学生人际交往影响因素。

1. 时间和空间因素

时间、空间因素是形成密切的人际关系的重要条件之一。一般来说，时间因素主要是针对交往的机会、频率而言的。如果交往的机会多、频率高，那么交往双方也就越容易相互了解；如果交往机会少、频率低，那么交往双方就容易缺乏相互的了解和沟通，从而也就难以建立良好的人际关系。空间因素指的是交往双方距离的远近。一般来说，交往双方的距离近，则两人之间更容易接触，也就更利于建立密切的关系，反之则不然。

以同住在一个宿舍的几个大学生为例，他们由于经常一起吃饭、学习、睡觉等，相互交往的次数多，因此容易具有共同的经验、共同的话题，容易建立起较为密切的人际关系。

2. 认知因素

认知是指个体认识客观世界的信息加工活动。具体而言，大学生人际交往过程中的认知因素主要包括对自己的认知、对他人的认知和对交往本身的认知。

对自己的认知关键在于自我评价是否合理、客观。如果过高地评价自己，在人际交往中就容易显得盛气凌人；而过低地评价自己，则会引起自卑，表现出不愿与人交往。另外，对交往本身的认知也会影响大学生的交往行为。由于交往的过程是双方彼此满足需要的过程，假如只考虑满足自己的需要而忽视他人的需要，那么就很容易引起交往障碍。

这里重点分析一下对他人的认知问题。大学生对他人的认知偏差，会影响到他们人际交往的顺利进行。在认知偏差的过程中，大学生主要存在以下几种心理效应。

（1）刻板印象

这是指认知者将交往对象完全机械地归入某一类群体中，并且把该类群体的习惯化概括强加到交往对象身上。例如，知识分子文质彬彬、农民土里土气等。

在大学生的人际交往中，这种刻板印象也较为常见。例如，男大学生总认为女大学生心细、胆小、娇气，而女大学生则认为男大学生粗心、胆大、傲气。不仅如此，一些农村来的大学生认为城市来的大学生见多识广，但精明、小气；而城市来的大学生则认为农村来的大学生忠厚老实，但见识短等。

刻板印象的产生原因，实际上是源于大学生自身过去的经验、经历。可以说，刻板印象在大学生人际交往中，有积极方面的影响，同时也有消极方面的影响。就积极方面来说，其可以在某种程度上简化认识别人的过程，有助于大学生对他人的概括的了解。而就消极方面来说，刻板印象一经形成，便具有较高的稳定性，一旦大学生在非本质方面做出概括而忽视了个体差异，就会形成一定偏见，做出错误的判断。

（2）晕轮效应

晕轮效应，通常又被称为"光环效应"和"月晕效应"，是指按照一个人身上的某一种或几种特性来推论概括其他一些未曾了解的特征，通常带有无意识的夸张色彩。例如，某人在某方面有一定特长，那么人们便会认为他在其他方面可能也有优势。正是由于这样的晕轮效应，生活中一些交往成功者和事业道路上的成功者，往往不是由于其交往艺术和策略的成功、其专业知识的扎实和能力的禀赋，而是由于他们迷人的微笑、良好的"社会背景"、吸引人的热情品质等。

晕轮效应在生活中是一种十分常见的社会心理效应。其是个人主观推断的一种泛化、扩张和定型的最终结果。在大学生的人际交往过程中，他们也经常会抱着"肯定一切"或"否定一切"的偏见与他人进行交往。因此，晕轮效应往往让一些大学生在交往中无法真正客观地看待一个人。所以，大学生需要走出晕轮效应的迷宫，对任何人、任何事要进行全面分析、全面了解，不能主观臆断或急于片面地下结论。

（3）首因效应

这是指在社会认知过程中，第一印象对人的认知有着十分重要的影响。大学生在人际交往过程中，总是关注在一开始所能感受到的，如对方的容貌、声音、身材等，而对之后所接触到的却不太注重。一旦有人在初次见面时给大学生留下不好的印象，这种印象便会在相当长一段时间内影响大学生对这个人以后的诸多行为的感觉。

首因效应之所以属于一种认知偏差，其实就是由于第一印象所产生的信息是极为有限的，而且也不一定是真实可靠的信息。大学生认知具有综合性，应当随着时间的变化、认识的深入，将不全面的信息都联系起来，以形成一定程度的整体印象。不过，大学生在与人初次进行交往时，在注意别人之时，也要注意自己给他人留下良好的印象，即一方面要注重自己的言谈举止，另一方面也要注意自己的仪态。

（4）近因效应

近因效应，即在交往过程中，最近得到的信息比以往所获得的信息对整个交往活动而言，有着更为重要的影响。相对于首因效应来说，近因效应通常产生于熟悉的人之间，影响着处于发展中的人际交往过程。这种偏差的产生，其实是由于最近获得的信息刺激较强，从而给人留下了较为深刻的印象，进而冲淡了过去所获得的一些印象。

在生活中，有人会由于最近的一次失误而被否定其前面的功绩；有人会由于最近的一次较大冲突而使多年的友谊破裂。由此可见，大学生在人际交往过程中，在重视好的开始的同时，也要重视时刻给人留下良好的印象。不仅如此，大学生还要努力维持并发展已建立起来的友谊，减弱近因效应的发生，使交往向着更为稳定的方向发展。

对于如何消除不利的近因效应的方法，其实就是大学生在交往过程中，能够做到理解他人、以诚相待。如果对方由于一些误会改变了对自己的印象之时，也不要激化矛盾，而是要在真诚的基础上沟通、解除误会，使交往顺利进行。

（5）定式效应

定式效应，即当人们认识他人时，尤其是与陌生人见面时，总会不自觉地有一种有准备的心理状态，并根据事物的一定外部联系对他们进行评价。定式效应是在人们以往的经历或掌握的信息的基础上所产生的。其对一个人处理与之发生联系的情景和他人的行为动作上，起到了控制性影响的准备性心理状态的作用。所以，定式效应也是一种态度倾向。

在人际交往过程中，一些大学生总是会依仗自己的经验去做事。在这种心理状态下，他们就很容易用老眼光或者老一套方法去工作或交往，并且表现出一副胸有成竹的样子。这就忽略了交往对象的不同差异性，因而势必影响他们之间的正常交往。

（6）投射效应

投射效应，即在交往过程中总是认为他人与自己有相同的特性，于是便将自己的特性也强加到他人身上的心理倾向。这种认知偏差常常会导致大学生在交往过程中对他人的情感、意志、观念等做出错误的判断，从而造成彼此间的误会、矛盾。

投射效应的具体表现形式多种多样，而最为常见的是情感投射和愿望投射。情感投射通常表现为自己认为别人与自己的好恶相同；愿望投射则表现为将自己的主观愿望投射到他人身上，认为他人与自己所期望的一样。

投射效应在大学生正常的人际交往中，有时会带来一些负面影响。例如，大学生在评定他人时，总是比实际上的那个人更像他自己，甚至还会歪曲那个人的人格以便与自己更为相像。所以，在交往过程中，大学生应当注意到这种"以己论人"偏差的存在，防止投射效应的产生。

3. 态度相似性因素

态度相似性因素，是指交往双方在兴趣、习惯、理念、价值观等方面有相似的态度。大学生与大学生之间假若具有相同的理想、信念和价值观等，那么他们在感情上就很容易产生共鸣，进而建立起良好的人际关系。

4. 情绪因素

情绪因素可以说是人际交往过程中十分重要的影响因素。大学生在人际交往过程中，如果情绪过于激烈或者过于冷漠，都不利于建立良好的人际关系。由于大学生感情较为丰富，情绪变化快，有时很难把握住自己的情绪，从而会产生一些冲动，进而在人际交往中与交往的对象产生各种冲突、矛盾。所以，大学生应培养自己的健康情绪，既不过于强烈，也不过于冷漠，要适时、适度。

第二节 大学生常见的人际交往心理问题及调适

在大学阶段，大学生在生理上已经具备了成年人的体格及种种生理功能，但其在心理上还没有完全成熟，还处于走向成熟的关键期。在人际交往过程中，大学生往往存在着一些严重的社交心理问题，这使交往受到阻碍。对这种情况，大学生应当正确对待，不可逃避，要学会一定的调适方法，使自己有一个良好的人际关系。

一、自卑心理及调适

1. 自卑心理概述

自卑是指个体认为自己在某个方面或几个方面不如他人的情感体验。它有时也被认为是一种性格上的缺陷。有自卑心理的大学生往往较为敏感，在交往中缺乏自信，他们总是过低评价自己的形象、能力和品质，处事过分谨慎，为减少挫折，尽力避开人群，因而丧失许多发展机会。不仅如此，自卑的人还总是拿自己的弱点和别人的优点比较，觉得自己事事不如人，在他人面前自惭形秽，从而丧失自信，悲观失望。对大学生而言，过于严重的自卑心理会影响其正常的人际交往，给学习和生活带来很大的精神负担。

2. 大学生人际交往自卑心理的调适方法

第一，正确认识自己，客观评价自己，善于发现自己的长处，肯定自己的成绩。

第二，培养乐观的生活态度，建立自信心。

第三，时常进行积极的自我暗示。例如，常对自己说"我能行，我一定能行""我很放松，我能做好""我感觉自己不错"等话语。

第四，学会培养自信行为。培养自信心的方法很多，大学生可从一些简单的方法做起，如讲话时敢于盯住对方的眼睛；讲话时声音洪亮，不吞吞吐吐，当对方声音超过自己时，要故意将声音放低，让对方听自己的，以掌握主动权；锻炼自己能径直向对方走去等。

二、孤僻心理及调适

1. 孤僻心理概述

孤僻是指个体性情孤独怪异，难以与人正常相处。一些大学生在学习生活中往往会因缺乏交往的愿望和兴趣，自我封闭，孤芳自赏，而形成严重的孤僻心理。

有孤僻心理的大学生总是不愿和他人交谈，不愿参加集体活动，时间一久，就会出现寡言少语、感情冷淡、不善交际等表现。有严重孤僻心理的大学生对任何人都不信任，怀有很深的戒备心理，在交往中给人高深莫测、不可捉摸的印象，使人无法接近，一般很少有知心朋友。而长期封闭自己的心理，又会加剧自己的封闭观念，就会在行为上越发处处设防，导致人际关系严重不协调。

2. 大学生人际交往孤僻心理的调适方法

第一，解除思想顾虑。克服孤僻、封闭的心理定式，积极主动地与人交往。

第二，恰当地主动敞开自己的心扉，敢于让别人了解自己。因为只有别人了解你，才会理解你、接纳你、亲近你。

第三，培养充分表达自己欲望和情感的心态，让自己融入集体，拥有更多的朋友。在与同学的交往中，大学生应呈现一种真诚、坦率的心态，多关心、帮助别人，以心换心，以情换情，这样别人自然就会欣赏你、接纳你，你自然就会成为集体中受人尊重的一员。

三、恐惧心理及调适

1. 恐惧心理概述

恐惧是指个体企图摆脱、逃避某种情境而又无能为力的情绪体验。在人际交往中，恐惧心理主要表现为害羞、脸红、说话紧张、害怕与人交往等。

社交恐惧心理一般分为两种：一种是气质性恐惧，即抑郁气质类型的人，主要表现为生性孤僻，害怕与人交往，常常怀有一种胆怯的心理；另一种是挫折恐惧，即遇到突发事件后产生的恐惧心理。

大学生产生恐惧心理的因素较多，一般而言，一方面是因为社会实践少，缺乏锻炼，在交往中因为太担心表现不好会被人取笑而心理失衡；另一方面是因为对自己缺乏自信，自尊心太强，太想成功而不愿失败，最终导致社交恐惧心理。

2. 大学生人际交往恐惧心理的调适方法

第一，要正确看待人际交往。大学生害怕交往主要是因为对交往缺乏正确的认识，任何一个人都不是完美的，所以不必对自己有太高要求，不必要求自己事事得体、处处大方，要以一种平和的心态去与人交往。

第二，期望值不可过高。想要与人建立关系时，不要期望一蹴而就，要注意克服自卑心理，先从与自己熟悉的人交往中获取良好的交往经验，再适当推广至和一般朋友、陌生人的友善交往，最终战胜社交恐惧。

第三，适当运用自我暗示法。在交往中，当恐惧来临时，可以用言辞进行自我暗示。例如，"我不害怕""我能行""我不比别人差"等话语，这种方法能够有效消除人际敏感，摆脱那种过多考虑别人评价的思维方式。

四、嫉妒心理及调适

1. 嫉妒心理概述

嫉妒是指个体看到别人成功而自己又成功不了，想超越又做不到的时候所产生的一种由羞愧、愤怒、怨恨等组成的复杂情感。这是一种消极的心理品质。

嫉妒心理主要因为两种错误的认识而产生：一是认为别人取得了成绩，就说明自己没有成绩，别人成功了就说明自己失败了；二是认为别人的成功就是对自己的威胁，是对自己利益的侵害。

嫉妒是比较的产物，主要是因为个体把自己的才能、品德、容貌、名誉、地位、境遇、成绩等与身边的人进行了不合理的比较，从而使心理失衡，产生各种消极的内心体验。嫉妒的产生离不开人们生活环境和心理空间中所发生的各种事件。轻微的嫉妒使人意识到一种压力，产生一种向超越者学习并赶上超越者的动力，促使人去拼搏奋进，力争上游。但严重的嫉妒所导致的更多的是焦虑和敌意，是害人不利己的。

大学生的嫉妒心理扼杀了一部分大学生的进取心，他们往往既不相信自己有能力、有毅力，又不奋起直追，不反省自己，而是觉得别人想让自己难堪。这样的心理使校园生活失去了应有的活力，也严重阻碍了大学生的人际交往。

2. 大学生人际交往嫉妒心理的调适方法

第一，要进行恰当的对比。人无完人，任何一个人都会有一定的不足。在与他人作对比时，不仅要看到别人的优点和自己的缺点，还应当看到自己优于对方的地方和对方的缺点。另外，不要经常与比自己强的人比，适当地与不如自己的人相比，以寻找自己的长处。

第二，纠正自己的认识偏差。千万不能把别人的成功当成自己的失败或对自己的威胁，而要向别人学习，努力赶上别人。

第三，保持良好的心态，学会引导法，即努力使自己的思想积极升华，把不服气的心理引导到积极的方面上去。在任何一个群体，总会有一些人较为优秀，也总有人相对落后一点。自己可以去努力追赶，但如果赶不上，不应强求，而是要化嫉妒为上进的力量，不断使自己进步。

第四，客观地认识自己性格上的弱点，并积极克服它。这就需要我们加强自己的性格塑造，逐渐形成不图虚名、心胸开阔、坚毅自信的性格特征，最终消除严重的嫉妒心理。

五、猜疑心理及调适

1. 猜疑心理概述

猜疑，即猜测怀疑。猜疑心理是一种由主观推测而产生不信任的复杂情感体验。具有猜疑心理的人经常疑神疑鬼，对别人的言行敏感、猜疑和不信任。

猜疑是大学生之间进行正常交往的障碍，它不仅使大学生之间的关系松散，产生裂痕，而且还会导致严重的冲突与对立。面对具有猜疑心理的人，人们往往觉得手足无措，不知如何做才会消除对方的多心，因而会尽量远离那些猜疑心重的人。

产生猜疑的原因主要有以下三点。

第一，当一个人思维封闭，具有很小的信息摄取范围时，他就会将一切分析、推理、判断都只建立在自己设想的信息上，使其"自圆其说"，从而产生猜疑。

第二，当个体对他人缺乏信任，就会习惯性地怀疑别人，产生猜疑心理。

第三，交往挫折经历。猜疑也可能是因缺乏对他人较为全面、确切的评价而导致交往挫折，交往挫折使其产生一种心理防卫。例如，有些人以前由于轻信别人，在交往中受过骗，蒙受了巨大的物质或精神损失，遭受了重大感情挫折，结果不再相信任何人，从而束缚了交往，陷入自我封闭和自卑的境地。

2. 大学生人际交往猜疑心理的调适方法

第一，正确认识他人。一般来说，对陌生人产生怀疑属于一种正常的防备心理，但不应总是疑神疑鬼，应当在交往中认真观察和了解他人，把握其性格、处事方法等，只有正确、全面地认识他人，才会减少或避免猜疑。

第二，善于分析信息。当得到关于某人的信息时，要对信息和信息源进行认真的、冷静的鉴别，不能别人说是什么就是什么，尤其是对那些惯于搬弄是非的人，要保持警惕，切勿轻听轻信。

第三，及时沟通。当出现疑点时，不要毫无根据地胡乱猜测，而是要及时、主动与自己所怀疑的对象多接触、多交流，以消除疑虑。

第三节 大学生良好人际关系的构建

人际交往影响着大学生学习积极性与创造性的发挥，也影响着他们的心理健康。良好的人际交往，会产生积极的心理适应，会使大学生心情舒畅地学习与生活。因此，大学生应注重培养自身的交往能力，努力构建良好的人际关系。

一、树立对人际关系的科学认识

人际关系是人与人之间由于交往而产生的一种心理关系。它主要反映着个人或群体在寻求满足社会心理需要、事业需要的心理状态。人际关系的产生、变化和发展决定了交往双方心理需要满足的程度。

大学生要想改善人际关系，首先需要树立对人际关系的科学认识。健康的人际关系有以下四个主要特征。

第一，交往双方都可以进行相互沟通，并保持密切的联系。

第二，交往双方都能自觉、积极地关注对方的自身。

第三，交往中的任何一方向对方提出的要求和索求都是合情合理的。

第四，交往双方都能珍惜和重视对方的自由和独立的存在，而不是设法去控制对方。

二、优化人格特征，增强人际吸引力

大学生人际交往中出现的心理障碍，如偏执、强迫、自负、多疑等都可归结为个人人格的表现。因此，要想改善人际关系，就应当注重改善不良人格，优化人格特征，以增强人际吸引力，建立良好的人际关系。

个体人格特征的形成，有先天的生理因素——气质特点做基础，重要的是在后天的生活与教育中慢慢学习、培养起来的。尤其是那些好的人格特征，需要在生活的点点滴滴中进行有意识的培养与磨炼。

三、构建成熟、健康的人际交往模式

大学生要建立良好的人际关系，就应当具有适度的自我价值感。自我价值感来源于对自己作为一个独特的个体而存在的固有价值的认识。只有具备独特的自我价值感，才能理解他人的独特价值，并懂得尊重他人。适度的自我价值感与人际交往的模式紧密相连，因此要想具备适度的自我价值感，以改善人际关系，还应当建立成熟、健康的人际交往模式。

人际交往模式分为四种：即"我不行、你行""我不行、你也不行""我行、你不行""我行、你也行"。在这四种人际交往模式中，前三种交往模式对人与人之间的关系起着极为不利的影响，严重损害着人们的心理健康和生活质量。最后一种模式则是成熟而健康的人际交往模式，能够合理改善人与人之间的关系。

（一）"我不行、你行"

该模式是一种常见的心理自卑者与他人的交往模式。在这一模式中，交往的一方深深地感到自己是无能和愚笨的。人在生命的初始是依赖于周围人而生存的，与周围的成人相比，儿童常感到自己是无能的，因此在潜意识中就形成了"我不行、你行"的心理模式。

一些大学生由于在个体社会化过程中，尚未完全摆脱儿时的这种心理行为模式，于是在人际关系中也常常表现出自卑心理，甚至出现社交恐惧。所以，处于这一行为模式下的大学生应当尽量做出必要的改变。

（二）"我不行、你也不行"

在这种人际交往模式中，交往者一方自认为低能，同时也认为别人不怎么优秀，因此常表现为既不喜欢自己也不喜欢别人，既看不起自己也看不起别人，既不会去爱别人也不能体验和接受别人。一般来说，如果一个人抱有这种心态，他的人际关系往往也处于极差的状态。大学生要抛弃这种模式，构建健康的人际交往模式。

（三）"我行、你不行"

在这种人际交往模式中，一方自认为自己比别人优秀，充满着一种想象的优越感。常常表现为以自我为中心，骄傲自大，自以为是，总感觉自己是对的，别人是错的，总认为自己对别人好而别人对自己不好，并为此感到愤愤不平，把人际交往失败的原因都归咎于他人身上。这种人际交往模式显然不利于大学生良好人际关系的建立，应当摒弃。

（四）"我行、你也行"

相对于上面所述的三种人际交往模式而言，这是一种成熟而健康的人际交往模式。该模式里涵盖了理性、理解、宽容、接纳等美好品质。处于这种交往模式中的人，一般都相信自己也相信他人，爱自己也爱他人，能客观地悦纳自己和他人，正视现实，并努力去改变自己能改变的事物，善于发现自己和别人的优势，从而使自己保持一种积极、乐观、进取、和谐的心理状态。显然，这种人际交往模式有助于大学生良好人际关系的建立，应当积极建立该交往模式。

四、把握好人际交往的尺度

做任何事都要讲究一定的"度"，超过了事物的"度"，就会使事物的性质发生改变，也会引起不良后果。人际交往更是要注意"度"的把握。人际交往中的"度"，是指保持良好人际关系所需要把握的方向、广度、深度、距离、频率等。大学生要想改善人际交往，就应当因人而异，考虑不同的对象、不同的地点、不同的时间、不同的情境等条件，把握好人际交往的尺度。

（一）交往的方向要明确

与中小学不同，大学生的交往对象无论在年龄上，还是在背景、心理上，都要复杂得多。特别是刚入校的独生子女大学生，思想相对来说比较单纯，不够成熟。因此，在人际交往过程中，应该与哪些人交往、交往的目的是什么、如何把握方向，就显得尤为重要。不明确交往方向将直接影响交往效果，进而影响人的健康发展。

（二）交往的广度要适当

大学生普遍能够认识到人际交往的重要性，并且都有自己能够亲密交往的交际圈。但是，要想有一个良好的人际交往状态，就应该注意使自己拥有的交际圈不可过大也不可过小。对大学生而言，如果交往的范围太广，人数太多，将会分散其精力，影响其学习，结果往往是得不偿失。但是，如果仅限于自己的交际圈，陷入狭小的人际圈子而不能自拔，形成排他性，疏远一些可以交往的益友，那么就不利于信息渠道的畅通，妨碍了正常交往。总而言之，大学生人际交往的广度一定要适度。

（三）交往的程度要适度

1. 交往的距离要适度

这里的距离主要指心理距离，一些大学生在与他人交往的过程中，关系好时形影不离，但一朝不和，就互相攻击，老死不相往来，这很不利于双方的心理健康和人际关系发展。人际交往的距离一定要把握好，不必短期全线突击，也不必利益稍有冲突，就势如水火，应该疏密有度。

2. 交往的时间要适度

人除了交往以外，还有工作、劳动、学习、事业等社会事务。虽然必要的交往有利于事业的开展，但也应注意到，两者在时间和精力上又存在着矛盾。因此，交往的时间要适度。大学生的主要任务是学习，学习需要投入大量的时间和精力，所以，要防止将大量时间和精力投入与人的交往中，而耽误学习。

3. 与异性交往要适度

正常的异性交往有助于大学生的身心健康和人格发展。但是，如果大学生过分沉迷于尚不成熟的异性恋情，就很容易疏于学习和参加丰富多彩的社团活动，或是减少与其他同学的交往，这极不利于自己的进步与发展。所以说，大学生与异性的交往要适度。

五、掌握良好的人际交往技巧

人际交往的技巧，是指在一定知识和经济基础上形成的交往技能，掌握好这个技巧，能够有效地处理人际关系中的问题，从而搞好人际关系。人际交往的技巧有着丰富的内涵和科学性，大学生必须学会和掌握好人际交往的技巧，以适应自己的成长和发展。当然，人际交往技巧并不是一朝一夕就可以学成的，需要付出一定的时间和精力，认真学习。以下是大学生应当尽量掌握的七种人际交往技巧。

（一）委婉含蓄的技巧

委婉、含蓄是一种说话的艺术，这种艺术能够受到众人的欢迎，主要是因为它顾及了人们的自尊心，使人不会尴尬、难堪、下不了台。在日常生活中，"心直口快"的人固然让人觉得真诚直率，但是，这种人一般都是想到什么就讲什么，结果往往不是造成了误会，就是伤了和气。从这一点来看，为了改善人际关系，大学生在人际交往中，不仅要做到正直诚实，还要讲究方式方法，最好是学会在说话中利用委婉含蓄的技巧。这就需要在说话时注意做到以下几点。

1. 亲切

即使说对方的缺点，也要选择适当的角度，尽量做到良药不苦口，忠言不逆耳，用一种亲切的口吻表达出自己的意思，这很容易拉近彼此之间的关系。

2. 得体

话说得得体才能让人愿意倾听。既不应对别人的缺点夸大其词，也不应抓住别人话中的漏洞穷追不舍，使对方难堪。要避免公开指责别人的缺点。

3. 顺耳

当别人发表了观点，即使自己不同意，也不要说一些刺激性的话，而要说明理由，以理服人。

4. 文雅

话既要说得好听，又要说得不庸俗。

（二）谈话的技巧

在人际交往中，交谈对话是最普遍、最经常、最不可少的交往形式。要想改善人际关系，不仅要注意交谈的内容，而且要注意交谈的方式方法。在人与人的现实交往中，交谈的方式往往发挥着非常重要的作用。

大学生在与别人谈话时，必须始终能意识到双方同时兼有叙述者和聆听者的双重角色，意识到双向性。既要意识到自己的责任不仅是把自己的思想表达清楚，还应考虑如何谈才能使对方产生兴趣，易于理解，并根据对方的各种反馈信息来调整自己的谈话内容。因此，交往中谈话的技巧相当重要，它直接影响着交谈的效率，影响着良好人际关系的建立。总而言之，大学生在与他人进行交往时，应当掌握一些必要的谈话技巧。例如，不随便打断对方的谈话或抢接对方的话头；不口若悬河，只顾自己一个劲地讲，而应时刻注意对方的反应；注意力要集中，不应迫使对方再次重复说过的内容；不要随便解释某种现象，妄下断语，充作内行，等等。

（三）优化个人形象的技巧

这里所说的个人形象既包括人的外表和容貌，也包括内在品质的反映。一个人能否为别人所接纳，关键在于他自己在别人心目中的形象如何。优化在交往时的个人形象，能够有效改善大学生的人际关系。这里所说的个人形象主要包括良好的个性和个人风范。

相关调查数据显示，我国大学生选择朋友首先考虑的是对方的个性品质，对个性评价最高的是真诚，评价最低的是虚伪。多数大学生都愿意与成熟、热情、坦率、思想活泼、有责任感的人交往。

大学生的个人风范是成功交往的基本条件，良好的风范制约着个人在交往对象心目中形成的印象，也影响着对方以何种方式对自己。社交风格能够反映出一个人的道德品格、思想情感、性格气质、学识教养、处世态度乃至交往诚意，它是人的各种心理素质和修养的外在体现。一般而言，饱满的精神状态、诚恳的待人态度、洒脱的仪表礼节、适当的行为神态、高雅的言辞谈吐会给对方一个良好的第一印象。

20世纪末期，社会心理学家艾根研究得出了关于第一印象的 SOLER 模式，其中，S 表示坐或站要面对别人；O 表示姿势要自然放开；L 表示身体微微前倾；E 表示目光接触；R 表示放松。在同陌生人相遇时，如果按照这一模式表现自己，就能够明显增加别人对自己的接纳性，往往意味着给对方留下了良好的第一印象。给他人留下良好第一印象的六个途径：一是真诚地对别人感兴趣；二是微笑；三是多提别人的名字；四是做一个耐心的倾听者，鼓励别人谈自己；五是谈符合别人兴趣的话题；六是以真诚的方式让别人感到他自己很重要。

（四）倾听的技巧

倾听是一门艺术。倾听不仅仅是凭借听觉器官听说话者的言辞，还需要全身心地去感受对方在谈话过程中所表达的言语信息和非言语信息。在人际关系的改善中，学会倾听他人谈话具有十分重要的作用。

如果能够耐心倾听对方的谈话，就会在无形之中提高对方的自尊心，就会使对方增加对你的信任感，进而加深彼此的感情。但是，如果对方还没有把话讲完，倾听者就表现出不耐烦的态度，则很容易使对方的自尊心受挫，对双方之间的交往造成消极影响。可见，越是善于倾听他人意见的人，人际关系就越融洽。在谈话中，要想做好"倾听"，就应注意以下三种倾听方式。

1. 耐心倾听

倾听时，耐心非常重要。不要表现出不耐烦的神色；要精神集中，表情专注，不东张西望，心不在焉；不要做出一些不礼貌的动作。

2. 虚心倾听

即使对方说错了，也不要得理不饶人和进行不必要的争辩，这样会打乱亲切和谐的交往气氛。

3. 会心倾听

听人谈话，不只是在被动地接受，倾听者还应该主动地反馈，反馈时要做出会心的呼应。所谓会心，就是领会诉说者没有明白表示的意思。在交谈时，要注意与对方经常交流目光，要时而赞许性地点头，时而用"哦""是这样的"等言辞来表示你在注意倾听，以鼓励对方继续讲下去。

（五）善用赞扬和批评

真心真意、适时适度的赞扬是激励对方进步的动力，能够增进交往双方彼此的吸引力。人都喜欢听好话，听到别人表扬或赞美自己，心里总是非常舒服、高兴的。因此，在人际交往中经常赞扬对方，有助于缩短双方的心理距离，建立良好的关系。与赞扬相对的是批评，有时候不得不做出一些批评，那么也要注意批评的方式方法，不使批评阻碍良好关系的建立。通常而言，在人际交往中应多作赞扬，少用批评。

1. 学会表达赞美

第一，要不失时机地赞美对方，也就是说，赞美要遵循适时、适度原则。

第二，赞美要真诚，要明确具体，含糊其词和评价性的赞扬可能会产生误解、混乱、窘迫，甚至使关系恶化。

第三，学会从对方身上发现你喜欢的行为。针对这些令你高兴、对你有帮助的日常具体行为来赞扬对方。这会让人相信你的赞美是真心诚意的，从而有一种自豪的感觉，同时感受到鼓励。

第四，让对方知道他的行为使你愉快，可以用非语言信息、语言或行动等来表示你对所喜欢行为的赞赏。

2. 学会表达批评

第一，尽量不要当着他人的面批评，否则会使对方下不了台，从而产生反感，使双方关系恶化。

第二，先扬后抑。在进行批评之前，应说一些亲切和赞赏的话，即用委婉的方式来表达批评。

第三，就事论事。讲重点事情，不要把一些不相干的琐事都揪出来；批评的是对方的行为而不是人格。

第四，用协商式的口吻而不是命令的语气批评别人，同时也要告诉对方自己的感受，而不是简单地指责别人做错了事情。

（六）养成微笑的习惯

在人际交往活动中，微笑既表现了自信、包容等良好的心态，也传达了"我喜欢你""见到你，我很高兴"等意思。

在人际交往中，一个容貌姣好和体态匀称的人确实比不具备这些条件的人更容易吸引人的注意，但是，外貌因素并不是具有良好人际关系的必要条件。一张没有微笑、冷冰冰的脸，即使再美丽，也难以受到众人的欢迎。

因此，养成微笑的习惯，以微笑来传达自己的真诚，能使原本平淡的脸变得魅力四射，能够促进与他人的情感沟通，有助于保持良好的人际关系。大学生在与同学的交往中，如果经常用真诚的微笑来面对人，必能给人留下美好而深刻的印象。所以说，大学生要勇于培养微笑的习惯，从而提高自己的交际能力，建立良好的人际关系。

（七）讲究互利互让

人际交往有互利原则。遵循这一原则能够让交往双方在互相关心、互相爱护、互相帮助、互相理解、互相尊重中建立良好的人际关系。因此，要讲究互利互让。常见的互利互让方法有以下三种。

1. 合作法

合作法能使合作双方都得到利益和实惠。在人际关系处理中，只有做到交往双方相互理解、协调、同步、互补，才能形成相互之间的稳定性、协调性和有序性。

2. 交换法

所谓交换法，是指交往双方通过互通有无的交换，获得利益或好处。大学生互相交流心得体会，交换各自的信息，使双方都得益，这样便能很快提升彼此之间的关系。

3. 积极竞争法

适度的竞争能够给竞争者带来一定的压力或危机感，从而促进竞争者不断地努力进取，以获得进步。大学生之间通过积极的竞争，不仅能够促进各自学习进步，形成你追我赶的竞赛气氛，树立优良的学风，还能使竞争双方在互利中稳固彼此之间的关系。

第五章 大学生情绪情感调节

第一节 情绪情感概述

一、情绪概述

（一）情绪的定义

情绪是指人们在心理活动过程中对客观事物的态度和体验。一个完整的情绪体验过程由情绪的生理唤醒、主观感受、认知过程以及行为反应共同构成。

1. 生理唤醒

情绪是人对客观事物的体验，是主观对客观的一种感受。一个人的情绪被唤醒的同时，身体也被唤醒。任何情绪都伴随着一系列的生理变化，涉及一系列生理活动过程，如神经系统、循环系统、内外分泌系统等。人在焦虑状态下，会感到呼吸急促、心跳加快等，这就是情绪的生理唤醒。

情绪的生理唤醒的一个非常明显的特点就是，它受人的自主神经系统（交感神经和副交感神经）支配，而自主神经系统又不受人的意识所控制。也就是说，不管你愿意还是不愿意，情绪产生时都会伴随着相应的生理反应。强烈而持久的情绪反应会耗费人体的精力，从而削弱对疾病的抵抗力。

2. 主观感受

情绪是有意识的体验，反映一个人的主观感受，如愉快或不愉快、喜欢或不喜欢等体验。情绪的产生依靠知觉，通过知觉进行意识层面的加工，形成不同的内心体验，但是这种加工和体验带有浓厚的主观色彩，对一个人情绪的研究在很大程度上要依靠本人的主观感受。正因为情绪有十分独特的主观体验色彩，所以在研究情绪或了解他人感觉的时候，通常会使用自我报告的方法，即通过个体的自我描述表达内心的感受。

3. 认知过程

情绪包含认知成分，只有感知事件时，才会存在情绪体验；个体对某件事物的认识会极大影响他对这个事件的看法和态度。例如，某大学生非常气恼英语老师常叫自己回答问题而自己又不会，他认为英语老师是故意在为难自己。但如果换个角度看，老师常叫自己回答问题，是因为老师比较关心自己，希望他在英语上进步更快。如果这样来看的话，这位大学生就不会气愤了，反而会在英语学习上更加努力。

4. 行为反应

情绪指导我们的行动，也会直接反映到人的外显行为上，包括表达性反应和工具性反应。表达性反应是指一个人通过面部表情、肢体动作和声调等方式来帮助其表达自己的感受。工具性反应是指可以提高个体对环境的适应性的反应，如因为害怕危险而逃跑，因为忧虑而哭泣等。

一般情况下，人们的情绪反应应该是以上四个方面的综合。例如，人们遇到好朋友，生理唤醒可能是平稳的心跳；主观感受是积极的、愉快的；认知过程包括与朋友相关的美好记忆；行为反应可能是微笑的表情。

（二）情绪的生理基础

情绪是主观因素、环境因素、神经过程和内分泌过程相互作用的结果。在不同的情绪状态下，人的心律、血压、呼吸乃至人的内分泌、消化系统等，都会发生相应的变化。例如，人在焦虑状态下，会感到呼吸急促、心跳加快；而在愤怒状态下，则会出现面红耳赤等生理特征。心理学家通过实验手段研究证实，与情绪有关的生理变化主要有以下几方面。

1. 循环系统的变化

包括心率、血压、血糖和血液含氧量的变化。例如：愉快时，心跳平稳；感到好奇、被吸引时，心跳会减慢；发怒或恐惧时，心跳加速，血压也会升高。

2. 呼吸系统的变化

包括呼吸的频率、深浅、节奏等的变化。例如：紧张、愤怒和恐惧的时候，呼吸会加快；感到悲伤的时候，呼吸则变得很缓慢；平静的时候，吸气的时间短、呼气的时间长，而当受到突然惊吓时，吸气的时间变得远远长于呼气的时间；处于极度愤怒、悲痛或恐惧的情绪中，有时会发生呼吸暂停现象。

3. 腺体的变化

包括身体的内、外分泌腺的分泌活动的变化。例如：人在紧张、恐惧时会出汗；在悲痛或极度喜悦时会流泪；感到压抑、焦虑、生气的时候，唾液、胃液和胆汁的分泌量减少，造成食欲减退、消化不良；当人轻松、愉快的时候，唾液、胃液和胆汁分泌旺盛，令人胃口大开。以上是外分泌腺的变化。关于内分泌腺的变化，例如：当人情绪高度紧张、准备对付环境的挑战时，肾上腺素的分泌量增加，从而提高了全身的代谢水平；愤怒的情绪会引起血液中去甲肾上腺素增加等。

4. 肌肉的变化

包括骨骼肌和内脏肌肉的运动。例如：当人极度恐惧时，骨骼肌会瘫软，肢体无法自主运动；当人紧张时，骨骼肌会绷紧，甚至颤抖，但与此同时，肠胃肌肉的活动却减弱；当紧张解除之后，骨骼肌变得松弛，肠胃的蠕动却加强了，做好了消化食物的准备。

此外，情绪还会引起脑电波和皮肤电阻的变化。例如，人平时在清醒、安静的状态下，脑电波呈现 α 波（8~14 次/秒），而在紧张、焦虑的时候，出现频率较高的 β 波（14~30 次/秒）。又如，在紧张时，皮肤血管收缩、汗腺分泌增强，使人的皮肤电阻显著下降。

（三）情绪的特点

情绪不同于其他心理过程的一个重要性质在于其具有两极性，即人的多种多样的情绪都可找到与之相反的情绪，例如爱和憎、悲和喜、满意和不满意等。这些对立的情绪形成两极，而两极之间又存在着程度的不同，呈现出两极的连续状态。大多学者从三个维度表示情绪的基本特点，即积极和消极、强度和紧张度。

1. 积极和消极

愉快—不愉快。任何一种情绪都可从非常愉快、愉快、一般、不愉快、非常不愉快这一连续体中找到位置，如怒，可表现为不满、愠、怒、愤、大怒、暴怒。情绪的积极与否决定于个体需要的满足程度，凡是满足个体的需要，就会产生积极的愉快情绪，反之则产生不愉快的消极情绪。然而，构成肯定和否定这种两极的情绪，并不绝对互相排斥。

2. 强度

激动—平静。激动度或冲动度表示个体对情绪情境出现的突然性，即个体缺乏预料和缺乏准备的程度；激动表现为强烈的、短暂的、爆发式体验，如愤怒、狂喜、绝望等。激情的产生往往与在人们生活中有重要地位、起重要作用的事件出现有关，它们可能出乎原来的意料、违反原来的愿望和意向，并且超出了意志的控制之外。与激情相对立的情绪是平静，人在大多数情况下处于安静的情绪状态中，在这样的状态下，人们可以从事持续的智力活动。

3. 紧张度

紧张—轻松。紧张度表示情绪的生理激活水平，紧张情绪常发生在人活动最关键的时刻。紧张的程度既取决于当时情景的紧迫性，也取决于人的应变能力及心理的准备状态。通常，紧张状态能导致人积极的行动，但过度紧张也会使人不知所措，甚至使人精神瓦解、行动停止。

情绪的这些特征是从情绪的不同侧面以及每一侧面的两极形式加以归类的。这些从不同侧面归纳出来的情绪的表现形式，往往成为人们度量情绪的尺度，即情绪的快感程度、情绪的激动程度、情绪的紧张程度、情绪的复杂程度等。此外，情绪还具有较大情境性、即时性、冲动性和外显性等特点。

（四）情绪的三种形态

1. 心境

是指比较微弱、持久地影响人整个精神活动的情绪状态。具有弥散性的特点。比如，当一个人心情舒畅时，他看什么都会觉得乐观积极；而当一个人郁郁寡欢时，则对许多事都会感到没有兴趣。"忧者见之而忧，喜者见之而喜"就是心境的表现。心境有消极和积极之分。

2. 激情

是一种强烈的、短暂的、有爆发性的情绪状态，如狂喜、愤怒、绝望等都属于这种情绪状态。在激情状态下，人的理解力、自制力等都有可能降低。激情也有积极和消极之分。积极的激情能增强人的勇敢和魄力，激励人们克服艰险，攻克难关；消极的激情则会导致理智的暂时丧失、情绪和行为的失控。

3. 应激

是在出乎意料的紧迫情况下所引起的高度紧张的情绪状态，在人们遇到突如其来的紧急事故时就会出现应激状态，如地震、火灾等。在应激状态下，会使人身体上心律、血压、呼吸和肌肉紧张度等发生显著的变化，从而增加身体的应变能力。在应激状态下，人们往往能做出平时难以做到的事，使人尽快地转危为安。但是人在紧急情境中的应激状态下，也会导致知觉狭窄，行动刻板，注意力被局限；过于强烈的应激情绪，会导致人的临时性休克甚至死亡，还会导致心理创伤。一个人长期或频繁地处于应激状态中，会导致身心疾病和心理障碍。

二、情绪的功能

日常生活中，情绪常常被认为是不好的，它代表幼稚、不成熟、没有修养、缺乏自制力等，比如说一个人在闹情绪或情绪化，都带有负面意味，所以总认为一个人应该不要有情绪或者应该克制，不要表露出来，事实上情绪还有更多正面性功能。不同情绪对应于不同突发事件：当身体或人的其他方面受到威胁时，人会产生恐惧；当发生利益或权利上的冲突时，人会产生愤怒；当看到自己思念的情人时，人会流露出愉悦。一般来说，情绪的功能包括觉察人们所关注的事件，调节或保持个体与环境的关系。这种觉察能力是通过个体的不同评价机制以及评价结果和情感的共同作用实现的。

（一）适应与进化功能

适应是达尔文进化论的一个基本概念，生物必须适应环境才能生存和延续，不能适应环境则会被淘汰。自然，人类情绪也必然具有适应价值，无论是恐惧还是喜悦。比如说恐惧，当你看到一条蛇，你的情绪反应是：体验到恐惧、有恐惧表情、生理上产生相应变化，生理上的变化使你聚集体力和精力处理危险情境，恐惧的不舒服体验使你意识到危险并试图摆脱。

各种情绪在人的主观方面所产生的体验，具有不同的适应作用，成为人类适应生存的心理工具。婴儿一出生就具有明显的情绪反应，并经历着复杂的社会化过程，最终成为一个能适应社会需要的人。然而，婴儿在接受成人哺育时，不是消极被动的，是在遗传基础上获得的接受体内外感觉信息能力使他们能够主动对外界信息做出反应，如哭和笑。

因此，情绪的机能不仅来源于个体全部的先天机能，而且还来源于后天的学习及认知活动。既有生理方面，即我们对每一种情绪所采取的生理上的不同反应方式，也有认知方面，即解释我们的感觉。这两方面对人类生存都有重要作用。从根本上说，情绪是为改善和完善人的生存和生活条件服务的。无论是儿童还是成人，都是通过快乐表现情况良好，通过痛苦表示急需改善，通过悲伤忧郁表示无助和无奈，通过愤怒表示即将进行反抗，通过移情和同情维护人际关系。

（二）动机功能

情绪构成一个基本的动机系统，具有激励作用，能够驱动有机体做出反应、从事活动。一般来说，生理内驱力是激活有机体活动的动力，但情绪的作用在于能够放大内驱力信号，从而更强有力地激发行动。例如，人在缺水或缺氧情况下，血液成分发生变化，产生补充水分或氧气的生理需求，但这种内驱力没有足够力量驱策行动，而此时产生的恐慌感和急迫感起着放大和增强内驱力信号的作用，并与之合作共同驱策人的行动。

与内驱力相比，情绪反应更为灵活，它不但能够根据主客观需要及时做出反应，而且可以脱离内驱力独立起作用，以一种与生理性动机或社会性动机相同的方式激发和引导行为。有时我们会努力去做某件事，只因为这件事能给我们带来愉快与喜悦。从情绪的动力性特征看，情绪分为积极增力的情绪和消极减力的情绪。快乐、热爱、自信等积极增力的情绪会提高人们的活动能力，而恐惧、痛苦、自卑等消极减力的情绪则会降低人们活动的积极性。有些情绪同时兼具增力和减力两种动力性质，如悲痛可以使人消沉，也可以使人化悲痛为力量。

（三）组织功能

情绪是心理活动的组织者，积极的情绪对活动起着协调和促进作用，消极的情绪对活动起着瓦解和破坏作用。良好的情绪会提高大脑活动的效率，提高认知操作的速度与质量。耶克斯—道森定律很形象地说明了情绪与认知操作效率的关系，它认为不同情绪水平与不同难度的操作任务呈现出一种倒 U 形关系，不同难度的任务，需要不同水平的情绪唤醒。在复杂困难的工作中，低水平的情绪有助于工作的完成，在中等难度的任务中，中等情绪水平具有最佳操作效果，而在简单工作中，高情绪唤醒水平更有利于工作完成。总之，活动任务越复杂，情绪的最佳唤醒水平也越低。了解情绪与操作效率之间的关系，可以帮助我们更好地把握情绪状态，使情绪成为我们认知操作活动的促进力量。

情绪对认知操作的消极影响，主要体现在不良情绪对认知活动功能的瓦解上。一些消极情绪，如恐惧、悲哀甚至愤怒等，会干扰或抑制人的认知功能。恐惧情绪越强，对认知操作的破坏就越大。比如考试焦虑，考生考试压力越大，考砸的可能性也越大。一般来说，中等程度的紧张是考试的最佳情绪状态，过于松弛或极度紧张都会瓦解学生的认知功能，妨碍考生正常水平的发挥。另外，我们都有过悲伤体验，当一个人悲伤时，会影响到他的工作或学习状态，导致注意力不集中，易分神，思维流畅性降低等。因此，情绪的组织调控功能非常重要，情绪的好坏与唤醒水平直接影响到了人们的认知操作功能。

（四）信号功能

情绪的信号功能是指在人际交往中，人们除借助言语进行交流之外，还通过情绪的流露来传递自己的思想和意图，情绪的这种功能是通过表情来实现的。中国有"出门看天色，进门看脸色"的俗语，就是在说情绪的信号功能。在许多社交场合，人们之间的思想、愿望、态度、观点等，仅靠言语无法充分表达，有时甚至无法言传，只能意会，这时表情就起到了信息交流的作用。表情是比言语产生更早的心理现象，在婴儿不会说话之前，主要是靠表情来与他人交流的。有时在言语信息暧昧不清时，表情往往具有补充作用，人们可以通过表情准确而微妙地表达自己的思想感情，也可以通过表情去辨认对方的态度和内心世界。所以，表情作为情感交流的一种方式，被视为人际关系的纽带。

情绪的信号功能或者说社会交往功能，保证了正常的人际关系与社会和谐，并且许多情绪也具有调控群体间互动的功能。例如，羞愧感可以加强个体与社会习俗的一致性，当你伤害到别人时，内疚感可以激发社会公平重建，社会性情感，如忠诚、同情心、对社会和谐的喜爱等有时会控制自我的定向性情绪。

三、积极情绪

（一）积极情绪的定义

一部分心理学家认为，积极情绪是能激发人产生接近性行为或行为倾向的一种情绪，所谓接近性行为或行为倾向，就是指产生情绪的主体对情绪的对象能够出现接近的行为趋势。积极情绪是指能激发人产生接近性行为或行为倾向的一种情绪。另一部分研究者认为愉快和快乐是积极情绪的特性。不同学者对积极情绪的定义不同，但是，这些定义的共同之处在于都认可积极情绪是个体在接受外界刺激后所伴有的一种愉悦的情绪，这种情绪是积极的、正面的一种体验。

（二）积极情绪的功能和意义

1. 积极情绪的表达能促进心理健康

以往研究表明，越多积极情绪的体验可以让人保持良好的自信，保持较高的主观幸福感，提高问题解决的能力，从而促进心理健康的发展。在激发积极情绪的情况下，个体会有一种较好的心理弹性，从而可以很好地缓解消极情绪所带来的压力。当个体采用积极的情绪调节策略时有利于积极情绪的体验，可促进个体心理健康水平。

2. 积极情绪促进生理健康

关于情绪同生理健康关系的研究，大多关注于积极情绪同疾病以及疾病预防之间的关系，现有研究认为情绪同健康之间存在着一种动力关系，一定范围内，积极情绪对身体健康有着促进作用。首先，积极情绪可以促进身体康复。情绪的核心因素是生理唤醒，可通过情绪来调节生理唤醒水平，对冠心病患者进行针对性的心理干预，可有效降低其负性情绪，促进疾病的康复。其次，积极情绪可以增强个体对疾病的抵御能力，众多研究表明，情绪对生理健康的意义在于提高人的免疫系统功能，提高对疾病的抵抗能力。一般来说笑是一种积极情绪的表达，通过对笑的研究表明，"笑"可使免疫系统功能得到改善，尤其对老人，可以通过免疫系统功能的增进，提高对疾病的抵御，从而提高健康水平。因此，应通过体育活动、心理干预等方式培养个体的积极情绪，学会情绪调节的策略，合理宣泄消极情绪，保持良好的健康水平。

3. 积极情绪促进健康人格的形成

大量研究表明，积极情绪同健康人格之间存在着密不可分的关系，积极情绪可以促进健康人格的形成，而消极情绪不利于健康人格的形成。积极的情绪通过积极的归因方式促进健康人格的形成，研究发现，同具有乐观、积极归因方式的个体相比较，消极、负性归因的人抑郁程度更为严重，抑郁程度较严重的人会将成功归因为外部、暂时的，对失败做内部、稳定的归因，因此会将成功看作偶然的，将失败看作持久的和无望的，因此，具有积极情绪的个体，在遇到任何生活事件时，无论是积极的还是消极的，都能够正确地认识和客观地评价事件，并且可以维持良好的人际关系，获得更多的社会支持，并且在行为上积极地应对。同时，这些良好的心态和积极健康的行为特征久而久之就会逐步稳定下来，成为持久、稳定的心理资源，构成积极而健康的人格，促进健康人格的发展。

四、情感

（一）情感及分类

情感是人类特有的与人的社会和精神需要相联系的心理体验和价值倾向，它反映着人们的社会关系和生活状况，具有明显的历史性。情感的种类很多，根据情感的性质和内容的不同，可将其分为一般情感和高级情感。

1. 一般情感

一般情感分为爱、恨、惧、乐、疏五种，是个人内心的一种较强烈的情感体验，它以个人对他人或物的情感依赖度和联结度为标准。对他人或物的情感产生依恋并与之联结紧密的情感可称之为"爱"，反之，则为"恨"。如一对恋人起初情意缠绵，山盟海誓，后因第三者介入，引起一方变心，导致反目成仇，也就是所谓"爱之深恨之切"。"惧"是一种害怕的心理体验，排斥与他人或事物建立情感依赖和联结，或对已有的情感依赖和联结产生恐惧。反之，内心对与他人或物之间建立的情感依赖和联结有一种愉快感和兴奋感并趋附之，则为"乐"。如人都惧怕蛇，却乐于把猫当作宠物豢养；学生乐于学知识，却害怕考试。"疏"是指未与他人或物产生情感依赖和联结的情感状态，表现为不认识、不了解、陌生、心存芥蒂等。例如，一个学校有很多学生，你可能只与本班的学生产生情感依赖和联结，从而形成班集体荣誉感，而对其他班的学生却很生疏。就是在一个班内，你也可能只与少数几个同学有更强的情感依赖和联结，而对班上其他同学却比较生疏。

2. 高级情感

高级情感是人的一种持久而强烈的社会和精神需要，它渗透于人类社会生活的各个领域，对人的社会性行为有一定的影响。常见的高级情感有道德感、理智感和美感。

（1）道德感

道德感是关于人的举止、行为、思想、意图是否符合社会道德行为标准和客观的社会价值而产生的情绪体验，是由对那些能满足人的社会道德行为准则的需要而产生的情感体验。热爱祖国，对自己的祖国的自豪感和尊严感，对阶级的和民族敌人的仇恨，都是重要的道德感。对见义勇为行为的称赞，对自私自利行为的谴责，对他人不幸的同情，对自己过失行为的自责等，也都属于道德感。

道德感是一种比较复杂的高级情感，这种情感总和人们的道德观念、价值观念，以及道德评价观（如正义与非正义、善与恶、美与丑、诚实与虚伪、公正与偏私）相联系。不同的社会制度有不同的道德观、价值观以及道德评价观，因此具有不同的道德感；同一社会制度下，由于人们所处的社会阶层不同、文化水平差异、信仰不同，人们的道德感也会有所不同。但总的说来，道德感可分为爱国感、正义感、责任感、羞耻感、友谊感和同情感。

道德感是一个人的人格中的核心部分，对完善人格、塑造灵魂具有重要的作用。因此，大学生应该站在时代和社会的前列，努力学习科学文化知识，同时培养自己高尚的道德感。

（2）理智感

理智感是人在认知活动过程中所产生的情感体验。它与人的求知欲、认识兴趣、解决问题的需要等的满足相联系。

人在认识过程中，当有新的发现时会产生愉快或喜悦的情感；在突然遇到与某种规律相矛盾的事实时会产生疑惑或惊讶的情感；在不能做出判断、犹豫不决时会产生疑惑的情感；在下了判断而又感受到论据不充分时会产生不安的情感。因此，理智感受大致可分为求知感、好奇心、紧张感、怀疑感、惊讶感等。

理智感是在认识活动过程中产生和发展起来的，它反过来又推动着人的认识的进一步深化，成为认识世界和改造世界的一种动力。没有人的情感，就从来没有也不可能有人对真理的追求。当一项科学活动和深刻的理智感相联系时，往往会在科学上做出应有的成就。因此，努力培养大学生的理智感具有重要的意义。

（3）美感

美感是审美主体在欣赏艺术作品、社会上的和谐现象和自然景物等审美对象时在内心所产生的崇高、伟大、庄严、优美等的情感体验。美感的成分非常复杂，但从主观体验上看，它分为审美感和爱美感。

审美感是一种愉悦的体验。自然美使人心旷神怡，艺术美使人陶醉，积德行善使人快乐。

爱美感是一种倾向性的体验。这种体验表现为审美主体内心对美好事物的肯定、向往和迷恋，具有持久性并带有一定的价值取向。例如，人们总把天鹅与美好的事物联系在一起，并因此对天鹅产生好感；反之，总把癞蛤蟆与丑陋的事物联系在一起，并因此对之产生强烈的厌恶感。

生活中不是缺少美而是缺少发现美的眼睛。因此，在美感中起主要作用的还是审美主体。不同的审美主体由于所处的社会文化环境不同、社会制度不同，对美的感受也是不同的。大学生正处于人一生中的"黄金时期"，确立崇高、伟大、庄严、优美等美感，对大学生今后的事业成功具有重要意义。

（二）情绪和情感的关系

情绪、情感同其他心理现象一样，也是人脑对客观事物的一种反映，它是一种对外界刺激带有特殊色彩的主观态度和体验，并与人的需要是否得到满足密切相关。人的生理需要是否得到满足而产生的体验形式称为情绪；人的社会性需要是否得到满足而产生的体验形式称为情感。

1. 情绪和情感有密切的联系

一方面，情绪是情感的基础，情感离不开情绪。这是因为情感是在情绪不断稳定化的基础上发展形成的，又是通过情绪的形式表达出来的。如"不打不相识""不是冤家不聚头"等说的就是人们相互之间的关系由陌生到熟悉进而产生感情的过程。另一方面，情绪离不开情感。情绪是情感的具体体现。情感的深度决定着情绪表现的强弱程度，情感的性质决定了情绪在一定情境下的表现形式。在情绪的发生过程中，往往深含着情感因素。所谓"仇人相见分外眼红""爱之深恨之切"说的就是这个道理。正是因为情绪和情感的不可分割性，人们时常把情绪和情感通用。

2. 情绪和情感又有一定的区别

首先，情绪是原始的，是更多地与生理需要满足与否相联系的心理活动。而情感是一种比较高级复杂的心理活动，一般与人的社会需要和精神需要相联系，如爱、恨、荣誉感、责任感等。人在饥饿时吃到食物就很高兴，这是一种情绪，但不能由此说他产生了热爱食物的情感。情绪是人和动物（尤其是高等动物）所共有的；情感却是人类所特有的心理活动，它是在人类社会发展过程中产生的，具有一定的社会历史性。例如，民族自豪感是与对本民族的爱相伴而产生的社会性情感。

其次，在人类个体发展中，情绪发展在先，情感体验在后，如婴儿出生不久就产生了对身体舒适状态做出反应的"爱"的情绪，而对母亲的依恋与爱的情感是在不断受到爱抚关怀的过程中，愉快的情绪体验持久而稳定下来，从而逐渐培养起来的。

再次，情绪是短暂的、冲动的、不稳定的心理体验，有较大的情境性。一旦情境发生变化，情绪也会发生相应的改变。而情感是较为稳定的、深刻的、持久的心理体验，是构成个性或道德品质中稳定的成分。

最后，情绪有较明显的外部表现，常常表现在面部、身体动作和言语方面。如一个人高兴时眉飞色舞、手舞足蹈；愤怒时咬牙切齿、捶胸顿足；悲伤时目光呆滞、唉声叹气等。而情感有时也会以外显的方式表露出来，如神舟五号载人航天飞行成功后，全世界的中国人都激动万分，强烈的民族自豪感情不自禁地洋溢在脸上，但情感多以内在体验的形式存在，比较含蓄、内隐。

第二节　大学生情绪情感特点及常见的情绪情感问题

一、大学生情绪情感特点

大学生正处于青春期的中后期，具有青年人共有的情绪和情感特点。如热情、活泼、思维敏捷、接受新事物快、自我意识强烈等特点。同时，由于大学生这一群体独特的社会地位、知识水平、心理成熟度和生理发育状况，他们的情绪、情感又具有自己鲜明的特点，总体表现为矛盾的情绪情感反应和强烈的情绪情感体验。具体分析如下。

（一）稳定性与波动性并存

由于知识结构的完善、认知水平的提高和生活经验的积累，大学生的情绪情感日趋稳定，对事、物、行为的情绪情感反应持续时间较长，久留心头；对与他人的情绪情感依赖和联结具有一定的倾向性和专一性，互相之间以此确立身份并获得心理认同和情绪情感共识。但与成年人相比，大学生的情绪情感仍很不成熟，变化大且频繁，忽冷忽热，忽高忽低。考试成绩好坏、人际关系亲疏、恋爱成败都会使大学生的情绪情感处于摇摆之中，甚至从一个极端走向另一个极端；同时，由于大学生的心理、生理和社会需求处于不平衡的发展状态，大学生有时也会产生一些莫名其妙的情绪情感波动。例如，触景生情、惺惺相惜等。

（二）外显性与内隐性并存

处于青春期的大学生遇事反应强烈，对外界的刺激反应敏感、迅速，情绪情感写在脸上、言在嘴上、发在行为中。喜怒哀乐的表现都很具体。例如，过生日时，买一个生日蛋糕并邀请几个好友一起吃饭，就会喜笑颜开；校园内突然停电或断水，立即传来的常常是学生的不满与敲盆敲碗声组成的"交响曲"。有时大学生情绪情感的外部表现又会与内在体验不一致，甚至恰恰相反，这就是大学生情绪情感的文饰现象。例如，互相倾慕的两位男女大学生表达情意肯定很热烈，但在公共场合下，又会考虑自己的行为在别人心目中的印象及社会道德规范对这种行为的评价，从而收敛自己的行为，故意表现出淡漠，甚至疏远的态度。

（三）冲动性与理智性并存

有人把青春期称为"急风暴雨"时期。大学生的情绪情感也具有强烈性、暴发性和易激动性的特点，即"冲动性"。大学生之间可能因为一个不经意的玩笑或一件小事而大打出手，造成伤害。大学生之间发生的打架斗殴事件大多如此。另一方面，由于大学生自我意识的发展与成熟，大学生的理智感也随之增强，具有了一定的自我控制情绪情感的能力，能够对强烈的情绪情感反应进行调适。

（四）高级情感占主导地位

大学生思维敏捷，感情细腻，需求强烈，在内心经历着强烈的情绪情感体验，可以说是酸甜苦辣嬉笑怒骂无不体验。伴随着大学生社会化的进程和社会化程度的提高，大学生的社会需要和精神需要日趋强烈，尤其是高级情感在大学生内心中逐步占据主导地位。例如，大学生在集体生活中形成了责任感和道德感，在政治活动中形成了正义感，在与人交往中形成了友谊感和同情感，在欣赏自然和艺术的过程中形成了美感等。大学生完成了从关注自我向关注社会的转变，具有强烈的爱国情感和民族自尊心，表现在对祖国深沉的爱和对民族文化的高度认同感。

二、大学生常见的情绪情感困扰

（一）焦虑

焦虑是一种伴随着某种不祥预感而产生的令人不愉快的情绪，是一种复杂的情绪状态。它包含着紧张、不安、惧怕、烦躁、压抑等情绪体验。许多人说不出自己焦虑的原因，但研究已经表明，事情的不确定性是产生焦虑的根源。

焦虑可划分为三类：一是神经性焦虑，即当大学生意识到内心的欲望与冲突却无法控制时所发生的恐惧感。有时是无名的恐惧，有时是强烈的非理性恐惧。二是现实性焦虑，这种焦虑是由现实环境的压力与困难引起的，大学生自我无力应付。例如，无力参与竞争、期望过高、要求过严、社会文化差异悬殊等。三是道德性焦虑，这是由于社会生活准则引起的大学生对自我的责备与羞愧感，因唯恐犯错误或触犯规定，时常自责、受到罪恶感的威胁。这三种类型的焦虑不是单一的，有时神经性焦虑与现实性焦虑混合起来；有时道德性焦虑与现实性焦虑混合起来；有时神经性焦虑与道德性焦虑混合起来；有时也可能是三种焦虑的混合。

常见的引起大学生焦虑的原因有以下几方面。

1. 因适应困难而产生焦虑

这是大学生中比较常见的情况。由于生活环境和学习方式的转变，造成对新环境难以很快适应，因而引起各种焦虑反应。如有一位到心理咨询中心咨询的大学生谈到，进入大学以前生活上的事都由父母包办，衣食住行都有人给自己安排。现在这一切都要自己来做，却不知如何去做。学习紧张，还要想着怎么去处理这些事，因此感到焦虑不安。从这个例子可以看出，这位大学生由于生活在一个过分依赖的家庭环境中，独立生活的能力较差，因此当置身于一个新的、不得不依靠自己独立安排生活的环境中时，常常因不知该如何做而产生焦虑情绪。

2. 学习上的不适应也是促使焦虑产生的原因

不少大学生习惯了高中时那种被动的学习方式，上大学后对大学的学习方式不能很快适应。教师课上讲的内容不多，自己自学的时间较多。到了图书馆，又不知如何学起、无所适从，由于学习方法不得要领、学习成绩下降，一些大学生对以后的学习生活和前途感到忧虑不安，极个别的大学生担心自己会完不成学业，陷入焦虑状态中。

3. 考试焦虑是大学生中较常见、较特殊的焦虑情绪表现

即由于担心考试失败或渴望获得更好的分数而产生的一种忧虑、紧张的心理状态。考试焦虑一般在考试前数天就表现出来，随着考试日期的临近而日益严重。研究表明，把对好成绩的期望降低到适当的水平，可以减轻考试焦虑。

4. 对身体健康状况过分关注而产生的焦虑

大学生因学习比较紧张，脑力劳动任务比较繁重，存在着一些可能使健康水平下降的因素，如失眠、疲倦等。当这些因素作用于那些过分关注自己健康状况的大学生时，便有可能导致焦虑的产生。咨询中心常接待一些大学生，自感身体不适、睡不好觉，几次到医院去检查，任何指标都正常，但就是自感身体不舒服、终日无精打采，由此影响了学习。对于这种情况，要克服焦虑首先就要正确认识人的脑力活动对健康的影响，合理安排时间，注意劳逸结合、增强体育锻炼，而不应该沉湎于对自身身体状况的过分关注，因为这有可能通过暗示作用使自身身体的各种不适感加重，从而加重焦虑情绪。

并非所有的焦虑都是病理性的，大学生的焦虑大多是正常的焦虑，即客观的、现实的焦虑。这种焦虑是一种比较普遍的情绪表现，有些比较轻微的焦虑往往会随着时间的延长而自动消失。适度的焦虑具有积极作用，它能使大学生在各种活动和学业上表现出色，维

持良好的人际关系；过分的焦虑可使人心情过度紧张，情绪不稳定，不能正确地推理判断，记忆力减退，以致影响考试成绩和人际关系。对于那些自己感到无法控制的、比较严重和持久的焦虑表现，或焦虑性神经症的表现，大学生则应及时寻求心理咨询师的帮助。

（二）抑郁

情绪抑郁的大学生的主要表现是：情绪低落、思维迟缓、郁郁寡欢、闷闷不乐、兴趣丧失、缺乏活力，干什么都打不起精神，不愿参加社交，故意回避熟人，对生活缺乏信心，体验不到生活的快乐；并伴有食欲减退、失眠等。长期的抑郁会使人的身心受到严重伤害，使大学生无法有效地学习和生活。抑郁是大学生中常见的情绪困扰，是一种感到无力应付外界压力而产生的消极情绪，抑郁就像其他情绪反应一样，人人都曾体验过。对大多数大学生来说，抑郁只是偶尔出现，时过境迁，很快会就消失。也有少数大学生长期处于抑郁状态，导致抑郁症。性格内向孤僻、多疑多虑、不爱交际、生活中遭遇意外挫折的大学生更容易陷入抑郁状态。

在大多数情况下，大学生的抑郁情绪都可找到较为明显的精神因素的影响，主要表现为因学习成绩落后、失恋、人际关系不和谐以及其他有关的负面生活事件的影响。然而，失恋或学习上的失败是大多数学生都可能遇到的情况，并不是每个人都会产生如此强烈的抑郁情绪反应。一些大学生产生抑郁是由于对一些负面事件的不正确认识，以及因此对自我价值的不合理评价。

（三）易怒

愤怒是当事物不符合自己的需要或愿望，心理受到挫折时的一种强烈的情绪体验。愤怒的引起决定于达到目的的障碍被当事人意识的程度。怒，依据强度，从程度上可分为不满、气恼、愤怒、暴怒、狂怒等。此外，发怒会使人丧失理智，阻塞思维，导致破坏等许多失去理智的不良行为。

大学生正处于身心急剧发展、热情高涨、激情澎湃的青年时期，极易在外界刺激下引起愤怒情绪，甚至难以控制。比如，有的大学生因一句刺耳的话或一件不顺心的事而暴跳如雷；有的因人际协调受阻而怒不可遏、恶语伤人；有的因别人的观点或意见与自己相左而恼羞成怒；有的因一时的成功、得意而忘乎所以；有的因暂时挫折或失败而悲观失望，痛不欲生。如此种种遇事缺乏冷静的分析与思考，图一时之快，逞一时之勇的好激动、易动怒的不良情绪特点，在一些大学生身上时有体现。这种情绪对大学生的影响是极其有害的，因而有人说："愤怒是以愚蠢开始，以后悔结束。"

易怒与个性和生活经历有较大关系。一些人成长在充满争吵的环境中，往往容易感染上易怒的脾气。一些缺乏良好教养的人，容易自制力不强，常常以发怒来应付外界环境。此外，易怒行为与一些人的错误认知有关。比如有些大学生认为发怒可以威慑他人，可以抵挡责难，可以挽回面子，可以推卸责任，可以逃避努力，可以满足愿望等。然而事实上，易怒者总是事与愿违，所得到的不是尊严、威信，而是他人的愤怒、厌倦，甚至于使自己心绪不宁。

（四）压抑

压抑是当情绪和情感被过分克制约束，不能适度表达和宣泄时所产生的内心体验，它混合着不满、苦闷、烦恼、空虚、困惑、寂寞等多种情绪。有时，人们知道自己在压抑什么，但更多的人常常不知压抑来自何方，更不知如何消除压抑。处在压抑、苦闷状态中的大学生常常表现出精神萎靡不振，缺少青年人应有的朝气和活力，对生活失去广泛兴趣，不愿主动与人交往，反应迟钝、容易疲劳，不满和牢骚多等。长期严重的压抑极易导致心理障碍。

大学生思想活跃、兴趣广泛、精力充沛，无不渴望体验丰富多彩的大学生活，但现实中的生活却是繁重的课程、激烈的竞争、沉重的考试压力和单调枯燥的业余生活，于是乏味、压抑感油然而生。大学生自身的心理、生理和社会性发展中的矛盾性特点，也是产生苦闷、压抑情绪的重要原因。比如，一方面他们强烈地希望与人交往，得到理解和友谊，体验爱情的甜蜜；另一方面由于自我评价不当、认识错误、缺乏交往能力等原因，使得他们在交往中畏缩不前甚至自闭自锁，感情无处寄托，体验到郁闷、痛苦、压抑。又如因性欲望、性冲动被社会规范约束而产生的压抑感等等。此外，大学生受不良社会风气和现象的冲击而产生的困惑、迷惘，以及个性上的缺陷，如固执、刻板、退缩、过分敏感等，都易使其产生情绪困扰，若不及时调适、宣泄，长期累积也会造成压抑感。最后，大学生在交往过程中，过分注重对方的感觉和需要，以对方为中心，不敢说出自己的真实想法和意见，以为这样可以很好地维护友谊，长此以往也会使自己感到很压抑。

第三节 情绪调节与情商提高

一、不良情绪情感的判断与分析

大学生不良情绪情感不仅会给自身造成生理和心理上的痛苦，而且也会给他人和社会带来很大的不便甚至损害。因此，分析大学生不良情绪情感产生的原因，找出不健康情绪情感的特征，引导大学生自我诊断以获得心理健康就显得尤为重要。

大学生不良情绪情感产生的原因错综复杂。既有内因，即个体自身方面的影响；也有外因，即客观环境的影响。

（一）个体因素（内因）

个体因素主要包括生理状况和心理因素两个方面。

1. 生理状况

个体的生理状况会对其情绪情感产生一定的影响。因为人的情绪情感活动有着广泛的大脑神经和生理、生化基础，是大脑皮质、皮质结构和内分泌等系统协同活动的结果。如果这些系统中的某一环节发生了故障，就有可能造成情绪情感障碍。人的身体是一个有机统一的系统，牵一发而动全身。身体某一器官的损伤或机能障碍，会间接或直接地引起情绪情感活动的紊乱。许多人都有这样的体验：当体力不佳或身体有病痛时，会情绪低落、烦躁不安。处于性成熟期的大学生，由于性激素的大量分泌，容易形成性冲动；同时，伴随着性成熟出现的遗精、手淫、初潮、痛经和月经失调等生理现象，也容易造成大学生的情绪情感波动。大脑神经活动过程的兴奋与压抑不平衡，内抑制力差，也是情绪情感不可控的一个因素。

2. 心理因素

影响情绪情感的心理因素很复杂，个体的知识经验、能力水平、认知方式、情感成熟水平、意志品质和性格特点等都可能导致不良情绪情感。比较而言，有以下特征的人更容易陷入情绪情感困扰之中：①情绪特征，表现为不稳定、易冲动、易躁易怒、消沉、冷漠、郁郁寡欢等；②意志特征，表现为固执、刻板、胆怯、优柔寡断、缺乏自制力、耐挫力差等；③自我意识特征，表现为过分自尊或自负、缺乏自信、自卑等；④社交特征，表现为孤僻、退缩、自我封闭、敏感、多疑、心胸狭窄、嫉妒心强等；⑤认知特征，表现为以偏概全、夸大后果、爱钻牛角尖等。

（二）环境因素（外因）

个体赖以生存和发展的环境中的一些因素会影响到人的情绪情感，这些情绪情感主要来自家庭、学校、社会三个方面。

家庭中的亲情氛围、父母的教养方式等会对子女的情绪情感产生很大影响。家庭内气氛紧张、父母关系不和、教养方式不当，或过分严厉、溺爱，都可能使子女产生情绪情感困扰。

学校环境中的教育方法、学习压力、人际关系、师德师风、校风校貌等都会影响大学生的情绪情感。比如，教育方法的单调落后、学习压力过大、人际关系紧张、校风不良，都可能导致大学生的不良情绪情感。

社会环境中的一些因素，比如，社会风气、社会变革、经济文化条件、竞争等，都可能引发不良情绪情感。尤其是互联网的出现，对传统的思维方式和交友方式带来了极大的冲击，促使大学生要不断地调节自己、适应环境，更好更快地发展自己；但另一方面，也会使大学生产生不适应的困惑和压力，从而引起情绪情感波动。

另外，物理环境中的不良刺激，如高温、严寒、噪声、强光、辐射等，都可能影响人的情绪情感。

二、培养良好情绪的基本原则

（一）树立正确的人生态度

不同的人在面对相同的情景或遭遇时会表现出不同的情绪反应。有的人面对困难乐观向上，有的人面对挫折萎靡不振。这是因为人的情绪是受其人生态度影响的。只有树立正确的人生观、世界观、价值观，才能使人保持积极乐观的人生态度，用百折不挠的精神去迎接各种各样的考验。

（二）培养豁达的胸怀

常常纠结于琐事而斤斤计较的人，很难保持良好的情绪。古语有云：人非圣贤孰能无过。不要过于苛求他人，为微不足道的小事而大伤感情。塞翁失马，焉知非福。任何事物都具有两面性，有阳光的一面就必定有黑暗的一面。从教训中发现经验，从失去中寻找收获，成为真正的成功者。

（三）培养坚忍的意志

从点点滴滴的小事做起，脚踏实地是磨炼意志最好的方式。如按时作息、按时学习、按时锻炼等。在遇到困难时要正面迎击，用坚毅顽强乐观的意志去克服困难，在风雨中历练自身。培养自我控制能力，可以通过体育锻炼、强化训练等方式克服恐惧、懒惰、忧郁的情绪，控制冲动行为的发生。

（四）培养沟通的艺术

融洽的人际关系是保持良好情绪的重要手段。学会对自我情绪的恰当表达和正确调控，对他人情绪的感知和把握是建立和谐人际关系的关键。在语言和动作表达中，如果加入幽默成分，会达到事半功倍的效果。幽默能展现人独特的风度和魅力，缓解紧张情绪，使氛围变得自然融洽。

三、情绪管理

（一）管理情绪的第一步：命名、接纳情绪

当出现某种情绪时，内心的状态会有一些变化，此时需要给自己的状态一个命名。未命名之前，人们会处于一种无知的难受中，就像你很恐惧，而你却不知道这是什么，只知道自己很不舒服，难受却无以言表，无法让别人理解此刻的你是什么状态，也正是这样的原因，从婴儿时期起，人类就在不断地命名，这是什么、那是什么，除了物品的命名，还包括情绪感受的命名，比如，一个妈妈会对嗷嗷待哺的婴儿说："宝宝饿了，是不是？饿得着急地想吃奶了，马上就来了，等一下啊。"这句话当中就包含了对情绪状态的一个命名，慢慢地随着孩子的长大，他会明白这样的感受是着急，那样的感受是害怕。当他能命名这些感受的时候，也意味着他对这个感受有了觉察，之后才有接纳、应对的办法。

（二）管理情绪的第二步：察觉情绪背后的需要

人懂得自己最单纯的情绪，懂得自己最单纯的想法，很多问题就可以迎刃而解，而不需要拖着许许多多莫名的感觉与想法，伤人也伤自己。

只有理解自己情绪背后的需求，才能更好地表达和满足需求。任何情绪，都是人性的一部分，都应该真实呈现、坦然面对。

（三）情绪管理的第三步：察觉情绪背后的原因

情绪 ABC 理论中，"A"代表某个事件；"C"代表情绪。往往以为是"A"导致了"C"，比如"你这句话（A）让我很生气（C）"。但是不妨仔细想想，既然同样的"A"对于不同的人并不会导致同样的"C"，由此可见，真正产生情绪的原因另有一个介质"B"，即每个人对该事件的解读、看法，它与一路走来所积累的经验、观点乃至价值观密切相关。既然了解了其中的关键点在于自己的"B"，那不妨去探寻让自己产生如此强烈情绪的"B"是否合理，如果过于片面、极端，适当地调整一下"B"，"C"也会跟着随之变化。比如一样是接到临时加班通知，如果"B"是"老板又在剥削我，我真是倒霉"，那接下去的加班时间一定很郁闷；如果"B"是"看来老板还是离不开我"，那就会有小小的得意。所以说，面对同样的问题，生气或者微笑，完全由自己选择。

（四）情绪管理的第四步：以适当的方式表达情绪

1. 宣泄法

如果你的怒气值爆满，不要强行压抑它，因为强制压抑的话反而会伤害身体，及时发泄能够避免把情绪带到学生和生活中。发泄情绪的方式各有不同，有些人希望得到他人的安慰和开解，有些人通过运动发泄。保持对自己情绪的观察，可以有效避免给群体带来冲突和不利。可以把情绪写出来、唱出来、说出来、喊出来、跑出来！

（1）哭泣

科学研究表明，哭泣时会产生某种生理物质，使人得到释放，恢复平静。在悲伤时痛哭一场，可以有效地缓解情绪。人在悲伤时刻意抑制不哭对身体是有害的。

（2）倾诉

有挫折、痛苦、委屈等不良情绪时，最好的方法是找到信任的亲人和好友将心中的苦闷向他们倾诉，把内心的不良情绪释放出来。如果一时之间找不到合适的倾诉对象也可以用身边熟悉的事物，如玩偶、大树、小狗等来充当。还可以用写信、写日记的方式来抒发。

（3）运动

科学研究表明，运动有助于释放不良情绪，减缓心理压力。在受到不良情绪困扰时可以尝试跑步、游泳、舞蹈、打沙包等方式来消除。

每个人心里多少都会产生一些负面情绪，这是很正常的，重要的是我们如何正确地疏导发泄情绪，学会控制自己的情绪，而不被情绪所奴役。

没有人天生就懂得控制情绪。真正有智慧的人，时刻注意不要让自己陷入坏情绪中。

2. 转移

（1）深呼吸，冷静一会儿

当不良情绪膨胀，即将爆发时，减低说话的音量，放慢说话的语速，深呼吸，在心中默数 50 个数，有利于使自己平静下来。情绪最易爆发的时间段一般在刺激点发生的 30 秒内。默数 50 个数之后，人的怒气会自然减弱，有助于实现自我情绪的控制。先数到 10，然后再说话，假如怒火中烧，那就数到 100，理智就会重新接管头脑。

（2）转移环境

当产生愤怒等不良情绪时，可以暂时离开让你产生情绪困扰的环境，最好是到让你感到宁静、舒适的环境中。如公园、景区或对你情感上有特殊意义的安全空间，避开矛盾的锋芒，有利于平静心情。

（3）转移注意力

发怒的时候，大脑中会产生一个强烈的兴奋灶，这个时候你就要建立另一个兴奋灶来转移焦点。遇到烦心事时，你会越想越气，不如把事情丢开，做一些轻松的事，如运动、唱歌、逛街、看电影等，以此缓解情绪，增加积极的情绪体验。这样，你会慢慢发现世界还是美好的。

3. 自我暗示法

自我暗示法就是利用语言、合理想法等方式对自身进行积极的心理暗示，达到缓解紧张状态，调整不良情绪的效果。常用的自我暗示方法有两种。

（1）语言暗示

当处于不良情绪时，自己默念：生气是拿别人的错误来惩罚自己；身体是自己的，气大伤身，伤害自己的身体是愚蠢的表现等。这样进行自我提醒，有利于缓解和调节不良情绪。

（2）合理理由暗示

在陷入不良情绪时寻找合理的理由来进行自我安慰。这种方法可以冲淡痛苦，起到缓解不良情绪的作用。如失败时暗示自己"失败是成功之母，也许下次就成功了"。遭遇困难时暗示自己"世界上比你处境艰难的人比比皆是，这点挫折算什么"等。

4. 放松训练法

经过科学的实验和研究，归纳和总结出很多专业方法来实现放松情绪的目的，利用这些方法可以有效地缓解紧张、抑郁、焦虑等不良情绪。下面仅介绍几种最简单易行的方法。

（1）音乐放松法

音乐作为一种艺术，是人的情绪的一种表达方式。曲调和节奏不同的音乐可以使人产生不同的情绪体验。如忧郁烦恼时可以听《蓝色多瑙河》《卡门》《渔舟唱晚》等意境广阔、充满活力、轻松愉快的音乐；失眠时可以听莫扎特的《摇篮曲》等优雅宁静的乐曲；情绪浮躁时可以听《小夜曲》等宁静清爽的乐曲。每个人都可以根据自己的情绪状况，选择适合自己的音乐来调节自己的情绪。

（2）想象放松法

想象是缓解压力的一种有效方法，冥想具有训练注意力、控制思维过程、提高处理情绪的能力和放松身体的作用。只要坚持练习，运用得当，冥想是应对压力、抑郁烦恼以及其他不良心理和情绪问题的最有帮助的方法之一。

在宁静的环境中，通过想象可以有效地放松情绪。选择幽雅宁静的环境，闭上眼睛，想象一些美好的事物，如广阔的大草原、慢慢涨落的海水、平静的湖面等，也可以回忆一些美好的经历，在想象的同时调整呼吸的节奏，之后慢慢张开眼睛。

经常性的冥想练习可以帮助训练大脑进入 α 和 θ 脑波。在这种状态下，头脑意识和物理身体之间的交流将被大幅度提升。可以通过以下三个关键步骤去获得身体的合作：①对身体饱含慈悲，理解它是由经历过许多情绪的有意识的细胞所组成；②用正向的思维对话与身体的欲望建立起信任联结，以便让头脑和身体协作疗愈一些小毛病；③允许对话中有变化，同时使用不同的想法和语言去激发自动升起的情绪。

（3）肌体放松法

通过肌体放松来缓解焦虑情绪，增强情绪控制能力，同时结合想象和音乐，可以达到全身松弛、轻松舒适、心情平静的效果，对缓解焦虑、恐惧、烦躁等不良情绪有很好的效果。

第六章 大学生压力管理与挫折应对

第一节 压力与心理健康

一、压力的概念

压力分为肉体上和精神上两种，这里主要探讨和学习的是精神压力，该词是由加拿大生理学家汉斯·塞里将其引入生理学领域，塞里认为压力是表现出某种特殊症状的一种状态，这种状态是由生理系统中应对刺激的反应引起的非特定性变化所组成的。后来医学领域的学者将其定义进行扩展，认为压力是个体应对觉察到的自己心理、生理、情绪和精神受威胁时所产生的一系列反应及适应现象。目前，对压力解释较为普遍被接受的看法是：压力是由刺激引起的，伴有躯体机能以及心理活动改变的一种身心紧张状态。

二、压力的特点

1. 压力是一种主观反应

压力是主观思维对客观存在的一种反应，这个反应是基于客观事实的，可能准确、过度，亦可能不足，这取决于主观态度和观点。这是一个很重要的属性，很多在压力面前太脆弱的人，就是对压力反应过度。比如，同样是面对考试不及格，有的学生可能会非常伤心难过，有的学生则可能毫不在乎。这实际上就是基于压力是一种主观反应的属性，人们在用切断或转变压力信息的方法，不让主观进行反应或让反应不足，以达到压力管理的效果。

2. 压力由压力源引起

压力源即压力的来源或源起，是让人们感到紧张的事件或环境，例如考试不及格就是大学生的压力源。它的属性是客观的，不以主观意志改变而改变。

3. 压力的大小由个人身心承受能力所决定

压力的大小，即人们不适应的心理感觉强度，它是由压力源事件的客观性和自我感觉的主观性两种因素共同决定的，即压力的大小＝压力源/承受力。同样压力源的情况下，承受能力越强的人，压力越小。所以，同样一个事件，不同人的心理承受力是不一样的。学习压力管理，就是要提高心理承受力，改变对待压力事件的态度。

三、压力的形成机制及反应

1. 压力的形成机制

心理压力的产生原因是复杂的，每一个人的压力都有所不同。但总体说来，可以将引起压力的原因归为四类：生活事件、挫折、心理冲突和不合理的认识。这些原因可以从两个角度来进行解读。

从生理学角度来看，压力的形成机制是个体在受到外界刺激时，肌体的交感神经兴奋并导致垂体和肾上腺皮质激素分泌增多，引起血糖升高、血压上升、心率加快、呼吸急促等各种心肺功能及机体代谢的异常，如此反映到心理方面便形成压力。

从心理学角度来看，心理的压力有一部分是由已经发生或即将发生的生活事件引起的，如即将来临的考试、必须面对的竞争、日益激烈的就业市场等。心理压力的大小，有着非常明显的个体差异，同样一个压力，在一些人眼里，也许不值一提，但在一些人眼里，却是难以逾越的沟壑。

一般来讲，形成心理压力的事件，多半是坏事。但是，也有一些好事会变成压力。比如，部分学生干部在面临职务的升迁时，就会产生焦虑甚至紧张，这其实就是面对好事时无法很快调整自我状态或者自身能力无法适应新角色而导致的压力。

结合实际情况能够发现，心理压力的形成机制其实并非上述的单一原因，而往往由综合原因形成。

2. 压力的反应

当个体面对压力时，会在生理和心理上出现一系列的反应，适度的压力会使个体主动适应环境变化的需要，唤起和发挥肌体的潜能，增强抵御能力。但是过于强烈或持久的压力，超过了个体的耐受能力，就会导致生理和心理功能上的紊乱而致病。这些反应主要从生理和心理两个方面来体现。

在压力源的作用下，不仅肾上腺素的大量释放会引起心肌收缩，心跳过速，糖原分解及血糖升高、代谢加速及耗氧量增加，而且去甲肾上腺素的释放使周围血管收缩、皮肤苍白、血压升高、肾血流量减少。此外，糖皮质激素大量分泌，还会抑制免疫功能，降低细胞免疫力，干扰抗体形成。过大的压力可引起肌体生理功能的紊乱、失衡以致发生病理性改变。从生理机制对压力反应的生理变化看，长期过重的工作压力，会诱发个体的躯体疾病。这是压力的生理反应。

从以上对个体压力生理机制的分析，可以看出，在现实生活中个体承受适当的压力是有益的。适当的压力可以提高人们的警觉水平，唤起和发挥肌体的潜能，增强抵御和抗病能力，是健康必备的前提条件。但是如果压力刺激过于强烈、持久，超过了肌体自身调节和控制能力，就会出现愤怒、抑郁、悲观失望、焦虑不安、记忆力下降、注意力分散、情绪低落和工作倦怠等一系列心理反应，从而成了个体精神痛苦的根源。这是压力的心理反应。

四、大学生常见的压力

大学生压力源的产生，有来自家庭和自身的，也有来自社会和学校的。主要有以下几个方面。

1. 生活压力

自从高校实行收费制度以来，学费成了家庭开支中的重要部分，许多家庭为了供孩子上学而负债累累。特别是来自贫困家庭的大学生，虽然国家通过助学贷款的方式为他们解决了一些经济问题，可还贷又变成了他们新的生活压力。据调查，我国高校中贫困大学生的比例约占大学生总数的 25%，他们的经济条件与富裕家庭的同学相比差距较大，经济上的拮据不仅影响了大学生正常的生活，也影响了他们的人际交往，并使其产生自卑感。而教育致贫的家庭又成了现在社会扶贫的对象，这成了贫困学生沉重的心理负担。

2. 学业压力

当今社会对大学生提出了过高的要求，大学生为了适应社会的需求，从进校起就开始学习与本专业相关的一些课程，考取相关的一些证书，为就业做准备，要花大量的时间学习学校的一些硬性的考级科目和专业课程；有相当一部分学生选择了继续考研，并且在毕业前一两年就开始准备了，参加各种考研培训班占据了他们相当一部分的时间；还有一些学生想出国深造，在考雅思和托福上花了大量的时间。这些大学里的骄子们每天以教室、食堂、宿舍三点一线的生活方式延续四年时间，在高度紧张的状态下，过重的学习负担不仅让他们脱离了社会，完全变成了学习的机器，也影响了大学生的全面发展，让他们对美好的大学生活产生了厌倦，容易出现不良情绪体验。

3. 人际交往的压力

随着年龄的增长，独立意识的增强，大学生与社会的交往越来越广泛，他们渴望独立的愿望变得日益强烈，社会交往、发展亲密的伙伴关系是大学生的一种精神需要。而每个大学生都有自己不同的成长环境，形成了不同的认知、性格、习惯和个人爱好等，对大学生的人际交往产生了一定的影响。有些学生以自我为中心，在与人交往中从不顾及他人的感受，对别人缺乏关心和宽容，受到同学的排挤，导致人际关系紧张，产生孤独感；有些大学生从农村到城市，对大学中的多样互惠的人际关系不适应，产生焦虑；还有一些贫困大学生由于经济上的贫困导致出现心理上的贫困，产生了严重的自卑心理，使他们不愿与同学交往，时间长了不被同学接纳，感到孤独无助，产生了心理困扰。

4. 就业压力

中国是个人口大国，大学生毕业人数逐年上升，而社会需求的岗位数量却变化不大。根据对中国未来新增劳动力人口的测算，未来数年中国青年新增劳动力人口每年保持在 1 500 万~2 200 万的高位，供大于求，大学毕业生初次就业率逐年下降，这些直接导致大学生就业压力的增大。显而易见，就业几乎成了每个大学生一进校门就必须面对的压力了。

5. 个体内部的压力

当代大学生性生理发育的普遍提前，使他们提前完成了从性别角色的确认到对性的社会意义的认知，并进入到性意识与性情趣的觉醒期。具体表现为心理上渴望了解异性，并期望与异性交往，生理上产生性的需要和冲动。在心理方面，每个人都有不同的个性特征和个性倾向性，对个体的影响是不同的，性格开朗乐观、坚强自信的人抗压能力较强，而性格内向悲观、懦弱、自卑的人抗压能力较弱。

第二节　挫折与心理健康

一、挫折的概念

挫折就是俗话所说的"碰钉子"。如果要给挫折下一个较为明确的定义，也可以这样说：挫折是指人们在有目的的活动中，遇到了无法克服或自以为是无法克服的障碍和干扰，使其需要或动机不能获得满足时所产生的消极的情绪反应。

挫折这一概念包括三方面的含义：其一造成挫折的情境因素，也称为挫折情境，是指使需要不能获得满足的内外障碍或干扰等情境状态或情境条件；其二是指对挫折情境的知觉、认识和评价，称为挫折认知；其三是伴随着挫折认知，对于自己的需要不能满足而产生的情绪和行为反应，如愤怒、焦急、紧张、躲避或攻击等，称为挫折反应。

二、挫折的主要来源

挫折来源是指使需要不能获得满足的各种障碍和干扰因素。大学生挫折来源是多种多样的，归纳起来，可以分为两大类：一类是外部因素，另一类是内部因素。

（一）外部因素

构成挫折的外部因素，又叫环境因素，是指由于外界的事物或情况给人带来的阻碍和限制，使人的需要不能满足动机而引起的挫折。外部因素包括自然环境和社会环境两个方面。

1. 自然环境

自然环境包括各种非人为力量所造成的时空限制、天灾地变等因素，使人的行为无法达到目标而造成挫折，它往往是人力所无法控制和避免的。例如，一个慢性病患者，无论医药的功效如何良好，他总得等待一定的时间，才能康复；一个汽车司机在荒漠中用尽了汽油；一个急于完成学业，负担家庭生活的大学生还必须得苦读一两年，修满一定学分才能毕业；异乡游子由于远隔重洋无法与家人团聚；行人途中遇到河川山险而又缺乏适当的交通工具无法通过等，这些时间或空间的限制，是构成挫折情境的重要原因。此外，人世间的生老病死以及无法预料的自然灾害和各种事故，如地震、洪水、车祸、火灾、亲人亡故等所招致的挫折，也都属于自然环境因素。

2. 社会环境

社会环境是指个体在社会生活中所遭受的人为因素的限制而引起的挫折，包括一切政治的、经济的、宗教的、伦理道德的、种族的、家庭的因素以及一切风俗习惯的影响。由此造成的挫折情况比较复杂，对个人需要和动机所产生的阻碍作用，也比自然环境引起的挫折更多、更大、更普遍，影响也更深远。例如，青年男女彼此爱慕至深，但因家庭经济地位悬殊等原因，遭到亲人的阻挠和反对；又如，在某种社会条件中，人们不能接受所期望的某种教育，不能从事自己所喜欢的职业，或是才能得不到充分发挥，人才得不到提拔重用，或是由于人际关系紧张与别人产生隔阂、处境孤立等，都会给人造成挫折。

（二）内部因素

构成挫折情境的内部因素，是指由于个人的生理心理因素而带来的阻碍和限制成为挫折的来源。它包括个体生理条件的限制、动机之间的冲突和能力与期望的矛盾等方面。

1. 个体生理条件的限制

个体生理条件的限制是指个体生理上的缺陷、疾病以及容貌、身材等方面达不到预期目标所带来的限制。例如，高度近视者不能担任飞行员或其他需要良好视力的工作；色盲者难以从事医疗或美术工作。如果一个智力缺陷者想成为一名出色的科学家或文学家，一个身材过于矮小的人想成为国家篮球队员，无论他们怎样努力，其成功的可能性较一般人都小得多，所以在这种情形下，帮助他们正确认识环境和认识自己，是很重要的。

2. 动机冲突

动机冲突，是指同时产生了两个或两个以上的动机，这些动机都是人们急需达到的，但由于某种条件的限制，不能使二者同时兼得，必须得其一，舍其一，由于两者的互相对立和排斥而产生的难于抉择的心理状态。如果这种心理矛盾持续得太久，太激烈，或是由于其中一个动机得到满足，而其他动机受到阻碍，这时就会造成挫折。

从人类的动机活动来看，动机冲突的情况非常复杂。从动机冲突的形式上分析，心理学家一般把心理冲突分成四类。

（1）双趋冲突

所谓双趋冲突，是指个体在活动中同时兼有两个并存的目标，以相同强度的两种动机同时追求而又不能同时都得到满足时，被迫从两种目标中选择其一，这时的矛盾心理状态，称为双趋冲突。这也就是一种"鱼与熊掌不可兼得"的冲突心境。例如，一个人同时得到了去两所学校深造的机会，这两所学校对他有同等的吸引力，可是他只能选择其中的一所学校，于是造成抉择上的困难；一个人同时爱上了两个异性，但他只能与其中一个结婚而必须放弃另一个等。从两个喜爱对象中只能选择其一时，就会产生双趋冲突。

双趋冲突的形成，主要是因为两个目标对个体具有同等的吸引力，个体对两者具有同等强度的动机。假如个体对两者的动机有强弱之差，便自然会选择吸引力强的而放弃吸引力弱的，此时较强动机的满足，自然会抵消较弱动机受到的挫折。但在动机的强度相等时，个体的心理冲突就无法避免。

（2）趋避冲突

个体对同一目标同时产生两种动机：一方面好而趋之，另一方面又恶而避之。像这种对同一目标既趋之又避之的矛盾心理状态，称为趋避冲突。这种心理冲突，是日常生活中发生得最多，而又较难解决的。例如，一位病人想要治好严重的胃病，可又怕动手术；女青年喜欢吃甜食，但又怕吃了发胖；男青年想追求某位女青年，又怕遭受拒绝后有损自尊心；想为社会做好事，又怕遭人嘲笑和议论；想参加某项考试或比赛，又害怕失败等。诸如此类，凡是同一事物对人同时具有同等强度的吸引力和排斥力，使人处于进退两难的境地，都能构成趋避冲突的情景。

（3）双避冲突

个体同时遇到两个威胁性目标都想躲避时，但迫于形势必须接受其一才能避免另一个威胁，这种从两种恶者中必择其一而左右为难的矛盾心理状态，称为双避冲突。例如，一位患心脏病的学生必须休学住院时，他可能会担心不去住院病情会进一步恶化，又担心住院会影响学习，甚至从此失学。休学与病情恶化这两种痛苦，他必须选择一种。

（4）双重趋避冲突

个体在活动中如果同时具有两个或两个以上的目标，而每一个目标又同时形成趋避冲突。这种矛盾心理状态就称为双重趋避冲突。例如，有的人感到住在城里工作、生活、娱乐等比较方便，但空气污染严重，噪声恼人（趋避冲突）；住在郊外固然空气很好，环境清新，但上班工作、生活等都很不方便（趋避冲突）。再如，一位大学生想攻读研究生进一步深造，但又怕考试失败，他想参加系里的运动队为集体争光，但又担心影响学业成绩。这种复杂的趋避冲突，就形成双重（或多重）趋避冲突。

3. 能力与期望的矛盾

这里指的是个体期望太高，能力不及而招致的挫折。在现实生活中，一个人如果过于自信，过高地估计了自己的能力，就会对自己提出不切实际的要求，制订过高的甚至无法达到的目标或计划。一旦这些目标或计划终因能力不济，无法达到，而自己又不能清醒地认识到这一点，就会产生强烈的挫折感。

三、挫折承受能力

在现实生活中，我们常常看到，对于同一挫折情境，有的人不屈不挠、顽强进取，有的人则一蹶不振、悲观消沉。这种不同除了取决于个人的生活经历、对挫折的认知和挫折防卫机制的运用等因素以外，还与挫折承受力的大小有着密切的关系。挫折承受力是个体保持与环境的良好适应，维持心理健康的重要标志。

（一）什么是挫折承受力

挫折承受能力的大小反映了一个人的心理素质和健康水平。许多人的心理问题就是由于遭受挫折而又不能很好地排解和调适而造成的。增强挫折承受能力，是获得对挫折的良好适应和保持心理健康的重要途径。所谓挫折承受力，是指个体在遭遇挫折情境时，能否经得起打击和压力，有无摆脱和排解困境而使自己避免心理与行为失常的一种耐受能力，亦即个体适应挫折、持续抵抗和应付挫折的一种能力。一般来说，挫折承受力较强的人，往往挫折反应小，挫折时间短，挫折的消极影响少；而挫折承受力较弱的人，则容易在挫折面前不知所措，挫折的不良影响大而易受伤害，甚至导致心理和行为的异常。

（二）挫折承受力的影响因素

个体的挫折承受力受生理因素、性格气质、人生阅历、社会支持、目标距离、挫折准备、信念、意志力等多种因素的影响。身体健壮的人比瘦弱的人更经得起挫折；乐观开朗、性格活泼、意志坚强、独立性强的人比消沉抑郁、意志薄弱、依赖性强的人更能承受挫折。生活阅历丰富、饱经风霜的人比生活顺利、人生经验不足的人更能承受挫折，因为他们在丰富的人生经历中积累了与困难做斗争的经验，提高了战胜挫折的能力；在受挫后，能转向社会寻求支持、帮助、安慰的人，比缺乏社会支持资源或不善于寻求社会支持资源的人更能战胜挫折；挫折发生时越接近目标，个体的挫折承受力通常就越大，因为当一个人几乎达到目标时经历失败会不甘心而继续努力尝试；事先对挫折有所预见，做好迎接挫折的心理准备的人比对挫折毫无防备的人更能经受挫折；有坚定信念和意志力强的人比缺乏信念、意志力薄弱的人更经得起挫折。

四、大学生常见的挫折

当代大学生生活在一个现实社会的环境中，一方面，大学生的生活内容相对单一和稳定，因此也就导致了大学生心理挫折具有一定类型化的特点。另一方面，大学生社会生活的方方面面又会通过家庭、朋友进行折射，影响到大学生的生活内容。

（一）环境适应挫折

大学新生面对的是新的生活环境，需要适应新的生活方式，而相当一部分大学新生一时难以顺利地实现自身角色的转换和生活方式的调整，出现诸如饮食不习惯、集体活动不适应、难以接受理想中的大学与现实中的大学之间的反差等情况，于是感到孤独、烦恼、忧虑，以致逃避新环境。另外，大学是学生从学校走向社会的关键时期，大学生与社会接触的机会越来越多，而社会环境与校园环境相比，充满竞争和风险，各种思想价值观念冲突碰撞，这也极大地增加了大学生的心理负荷。

（二）生活挫折

生活挫折一方面是生理因素产生的挫折，是指因自身生理素质、体力、外貌以及某些生理上的缺陷所带来的限制，导致需要不能满足或目标不能实现的挫折。如个子太矮、容貌不佳、智力不高等；另一方面是指家庭发生重大变故或者经济负担的压抑。有一定比例的大学生，其父母为工薪阶层或出身农村困难家庭，学费和生活费的经济负担很重。他们不得不节衣缩食，不得不利用课余时间勤工助学，但又看到周围部分同学的高消费，常常担心自己被人瞧不起，从而产生自卑心理，易敏感、自闭。

（三）学习挫折

学习挫折是指在学习和智力活动中遭遇的挫折，如老师讲课内容自己听不懂，记忆力衰退，考试失败等。在校大学生一般都是中学的佼佼者，他们心理优越感很强，自我期望值较高，然而当发现大学里精英荟萃、人才济济时，部分同学的自豪感会受到强烈的震撼，他们的优势不再突出，往往产生失落情绪。而且相当一部分学生进入大学后，对课程多、课时长，授课量大，灵活多变的教学方式难以适应，他们一方面希望通过努力保持中学时代的名列前茅，另一方面又难以稳定学习情绪，不知道改进学习方法，不会合理支配自由时间，不能广泛地使用现代化手段查阅文献资料，因此失去了学习兴趣和信心，变得焦虑不安，茫然不知所措，产生破罐子破摔的思想，对学习产生厌烦和倦怠心理。

（四）人际交往挫折

有的大学生兴趣广泛，人际交往的需要极为强烈，他们力图通过人际交往去认识世界，获得友谊。然而周围同学一般来自全国各地，每个人在成长经历、行为习惯、价值观等各方面存在很大差异，常常难以相互适应、相互包容，彼此在交往中难免出现不协调的"音符"。有些大学生由于自我评价不恰当，或自命不凡或畏缩不前，无法与他人和谐相处，人际关系紧张，自然会产生心理挫折。有的大学生由于协调能力较差，缺乏生活经验，以致在交往中常出现嫉妒、猜疑等消极情绪，甚至因误会出现朋友断交，而又苦于找不到知心朋友等情况。有的大学生因身高、容貌等先天不足或是性格内向、缺乏特长而感到自卑，不敢与人交往，往往表现为郁闷、消沉冷漠。

（五）恋爱挫折

大学生正处于青年中后期，生理发育日臻成熟，随着性意识的觉醒，他们开始关注两性之间的关系，渴望接触异性，向往美好爱情。但由于多种因素的制约，在追求爱情的过程中，他们或多或少会遇到种种波折，通常表现为单恋和失恋。这些学生往往认为失恋就是自己不被喜欢，没有魅力，于是变得情绪低落，行为上极端化，自卑感强烈，不能集中注意力无法学习，其痛苦深沉而剧烈，如果得不到合理的情绪疏导，极有可能造成不良后果。其实，大学校园里发生的许多严重问题往往是由爱情挫折问题引发的，如学习障碍、纪律问题、情绪问题，甚至自残等极端问题。

（六）择业挫折

度过四（五）年大学生活，择业求职是终点也是起点，大学生不可避免地要接受择业求职过程中的各种矛盾的冲击和考验。随着近几年大学的普遍扩招，就业形势更是日趋严峻，使得部分在校大学生容易产生"毕业之际就是失业之时"的苦闷、焦虑的挫折感。有的学生担心自己专业冷门，将来选择工作的余地少，甚至没有选择；有的学生因生理上有些"缺陷"（如身材较矮、较胖，相貌不佳等），自卑感极强，自信心不足，担心在就业时受到不公正的待遇；还有的学生对将来走上工作岗位后不能适应社会需要十分担忧，特别是一些性格内向、不善交际的同学，面对纷繁复杂、竞争不断加剧的社会，怕将来难以处世，不能胜任工作。此外，在就业市场上的一些人为因素，诸如对女性就业的歧视、对非重点大学毕业生的歧视等，使得很多毕业生感到前途渺茫，苦不堪言，更是怨气冲天，牢骚满腹。

五、挫折对大学生成长的价值

（一）挫折使大学生吸取经验教训

人的成长过程是适应社会要求的过程，而适应就要学会调整自己的动机、追求和行为。一个人出生时，根本不知道什么是对，什么是错，人们需要通过鼓励、制止、允许、反对、奖励、处罚、引导、劝说，甚至体罚与限制才学会举止与行为的适应和得当，学会在不同环境、不同时间、不同对象、不同规范条件下调整行为。

（二）挫折使大学生在逆境中反思

大学生在掌握科学知识和先进技术的同时还需要有一个辩证的挫折观，经常保持乐观的态度。挫折能够使人变得聪明和成熟，从某种程度上说，正视失败本身才最终造就了成功。我们要悦纳自己，相信他人，要能容忍挫折，学会自我宽慰，胸怀坦荡、情绪乐观、发愤图强、满怀信心争取成功。既然生活中挫折无处不在，逆境无时不有，所谓吃一堑长一智，那么对挫折进行反思就极为必要。在挫折面前，我们需要的是进取的精神和百折不挠的毅力，同时也更需要理智。大学生要经常反思挫折本身，反思挫折的原因，反思受挫折以后的行为选择，反思挫折以后的理智反应。

（三）挫折使大学生成熟奋起

挫折可以加强以实现目标为目的的活动和计划的进行，简而言之，可以加强大学生学习活动的动机，并且可以制定应该达到的目标，提高这个目标的标准，点燃实现这个目标的热情。挫折容易激起这种努力，从而激发大学生的潜在能力，使之成为付诸实际的动机。

大学生的自我认知，存在通过比较自己和他人学习状况的一面，通过与他人竞争的经验，能够得到检验自身力量和能力的机会。这样一来，就能更客观地观察自己，更现实地认识自己，获得认识自己能力和限度的机会和自我批评的能力。面对竞争的失败与不成功的经历，如果人们不因此而气馁，这些经历也会成为一种契机。它将促使人们探索失败的原因，深刻体察自己，找出克服困难之路促进自我不断走向成熟与成功。

第三节　压力管理与挫折应对

一、大学生如何积极地调控压力

近年来，越来越多的大学生被心理压力问题所困扰，许多学生已经认识到心理压力是影响自己身心健康的重要因素。因此学会如何应对自身心理压力，是大学生保持阳光心态，顺利完成学业的前提保证。

（一）正确认识压力

1. 压力是不可避免的

人在生活、学习和工作过程中，压力、困难、挫折是不可避免的。因此，面对压力时，不必抱怨，必须勇敢面对。

2. 辩证地看待压力

压力对人既是威胁，又是挑战。当一个人正视压力，压力就会表现出多方面的积极意义。压力能使大学生正视自己、积累人生经验，变得更加成熟；压力可以使人发现自身潜力、看到生命价值、充满自信。

3. 压力是可以控制的

有些大学生在面对压力时，常感到无能为力。其实，压力情境多数是可以控制的。即使不能完全战胜压力，至少也能降低压力造成的损失程度。

（二）正确认识自己

1. 自我分析

自我分析就是充分认识自己的优点和弱点、长处和短处，通过有效的自我分析，全面、客观地认识和评价自己。一个人只有正视自己，既承认自己的价值，又能坦然面对和接受自己的不足，才能变得成熟、自信，从而避免因过低自我评价所带来的自卑和过高自我评价所产生的失落和抑郁。有些大学生的压力就是源于不会"认识"自己，不敢"认识"自己，不愿"认识"自己。比如，有的学生对自己的特长、兴趣、爱好、缺点和不足缺乏客观的认识，对自己没有一个正确客观的评价，导致在职业选择时或过于自负，期望值高，或过于自卑、胆怯，期望值低。

2. 自我规划

对大学生来说，自我规划就是在自我分析的基础上，充分考虑自我和外在因素，对自己的未来做出可行性设计，并制订行动计划。一个能自觉进行自我规划并成功执行计划的大学生会表现得充实、自信，压力感较轻。但从我国大学生目前的情况来看，能够在大学期间做出自我生涯规划的人还很少。

（三）积极行动

"好心情来自好行动"，这句话为我们应对压力提供了两点启示：第一，面临困境时，积极行动；第二，要进行有效的行动。实际上，大学生的心理压力得不到缓解，大多是只想不做，缺少行动。由于缺少行动，许多并不难于解决的问题又累积成新的困扰。因此，行动是摆脱压力最好的办法。但是，也应注意到，不能盲目行动，而是要进行有效行动。为了确保每一次的行动都成功，就要使行动分步进行，以缓解压力，增加信心，最终实现摆脱压力的目标。

（四）主动寻求社会支持

社会支持的重要性在于对处于压力情境下的大学生给予一定的心理保护和援助，降低压力感，提供应对压力的策略。首先，社会支持可以提供情感支持。当大学生面临困境时，如果能及时得到父母、朋友、同学和老师有效的安慰和鼓励，就会减少压力感，减少负面情绪的产生，降低压力对个体身心健康的危害性。其次，社会支持可以提供工具支持。当大学生面临压力情境时，社会支持良好的大学生可以从他人那里获得必要的指导，或应对压力的策略。

二、大学生如何积极地应对挫折

现代社会充满竞争、充满挑战、充满风险，也充满机会，青年大学生就是要在这样的环境中拼搏、奋斗、成长。因此，一个大学生要想有所作为、有所成就，就必须正确对待挫折，积极战胜挫折，提升自身的挫折承受力。

（一）保持自信和乐观的态度

既然挫折是不可避免的，那么就需要容忍挫折，学会自我宽慰，热爱生活，满怀希望，心怀坦然，情绪乐观，发愤图强，增强克服困难的信心和力量。"生活是一面镜子，你对它笑，它就对你笑；你对它哭，它就对你哭。"的确，如果以欢悦的态度微笑着对待生活，生活就会对我们"笑"，我们就会感受到生活的温暖和愉快。而如果总是以一种痛苦、悲哀的情绪注视生活，那么生活的整个基调在心中也就变得灰暗了。

（二）认知上正确对待挫折

在日常生活中，大学生常常觉得应对挫折是一件困难的事，其实困难在于自己的心态，如果拒绝面对和接受挫折，那么挫折将会给大学生带来更多的痛苦，这个心态本身比挫折更可怕。大学生要有直面挫折的勇气，要敢于给它一个真诚的拥抱，这样它也会反馈给你力量，这样才能够在挫折中学会成长。

1. 对挫折正确归因

真正引起适应困难的，不是那些挫折、冲突本身，而是我们对挫折的看法。碰到困难和挫折，如果总是从客观上找原因，而不是积极从主观上找原因，我们往往会被挫折吓倒。反之，如果对挫折持一种勇者姿态，我们在对挫折的斗争中已经胜利了一半。

2. 挫折是普遍存在的

挫折是人生重要的组成部分。人的生活历程，有时一帆风顺，有时也有崎岖坎坷的境遇，经受挫折是人们现实生活中的正常现象，是不可避免的，所以大学生面对挫折要有接纳的心态。

3. 挫折具有双重性

挫折会给人以打击，带来损失和痛苦，但也能使人奋起、成熟，从中得到锻炼。平常遇到的挫折和磨难，并不都是坏事。平静、安逸、舒适的生活，使人得不到成长，而挫折和磨难，却能使大学生受到磨炼和考验，变得更加成熟。我们既要看到挫折给人带来的心理压力与情绪困扰，又要看到它给人的成长带来的机遇和动力。

（三）行动上勇敢接受挑战

1. 行动就是好的开始

当身处逆境时，有了目标，有了勇气还不够，关键在于行动，如果没有行动，困境仍然是困境，现状仍然得不到改善。行动起来，坚持下去，就意味着好的开始。"千里之行，始于足下"，行动是实现目标的唯一途径。如果你不采取任何行动，即使成功的果实就在你附近，你也采摘不到。人生伟业的建立，不在于能知，而在于能行。即使你知道怎样做能考上名牌大学，但是你不付诸行动，你能考上吗？即使你知道自己如果不改正诸如自私、懒惰、草率之类的毛病，就不能取得更大进步，但是你不付诸行动，你能进步吗？总之，行动起来，即使是不成熟的尝试，也胜过不见行动的良策。

2. 强迫自己行动

人大都有惰性，一般情况下，在可以忍受的范围内，我们都不会主动改变。有时甚至是在逆境中，虽然我们嘴上抱怨，但依然不采取行动。而为了接受挑战，我们应该强迫自己行动起来。

人的一生不可能事事一帆风顺，青云直上，其间会遭到各种各样的困难和失败。每个人都有自己的远大理想，但客观现实又是不同于理想的，在追求理想中一定会遇到很多困难，很容易产生挫折感。很多人在遭受挫折之后引起巨大的心理落差，而不能自制和自拔。所以，如何对待挫折，是对每个人的严峻考验。

（四）积极应对挫折的其他策略

1. 补偿

补偿是指由于主客观条件等因素的影响，致使预定目标无法实现时，大学生根据实际情况重新设置新的目标，以新目标的实现或新需求的满足来弥补原来失败带来的挫折感。如有的同学因身高、体质等因素无法在运动会上为集体争光，就在写作、思辨等活动上力求突破；有的同学不擅人际交往就在科学探索与研究、技术发明等方面取得令人称羡的成绩。

2. 升华

升华是指大学生遭受挫折后，将自己不为公众或集体所认可的动机或言行转变为符合公众或集体预期的动机或行为，或者将原较低层次的目标追求上升到较高层次的目标追求。如有的同学多次恋爱遭拒后，认真学习、奋发努力，在学业上获得巨大成功；有的同学将贬低、嫉妒他人转化为努力向优秀同学学习，不但提升了友谊，而且引导双方共同进步与发展。升华既消除了受挫者原来消极、负面的心理反应，又使自己或他人达到了更高的心理与目标境界。

3. 转换或者修订目标

有的大学生在遇到挫折时，会将自己的愿望转向其他方面，或修改愿望的标准，使其变得更加切实可行，也就是平时所说的"失之东隅，收之桑榆"。

4. 幽默

幽默，是一种积极的行为反应，是一个人在遇到挫折时，用自嘲的方式来化解困扰、尴尬。一个人要是具备了自嘲的能力，说明他的心理比较成熟，也说明他的社会适应能力比较强。

（五）卸下压力的方法

每个人都有不知所措的时候，有时甚至会感到压抑。当对某些事情感到生气、不知所措、压抑时，该怎么办？如果在日常生活方式中植入预防性压力管理，可以轻松地应对面临的压力处境。

1.勤锻炼

减压和降低焦虑的有效方法之一就是运动。可以加入健身俱乐部、在操场锻炼，甚至只散一会儿步。运动起来可以让人感觉更快乐，也可以和家人、朋友一起锻炼，这样做的好处是运动后心情变得平静。

2.常微笑

微笑和大笑都是立刻放松情绪的最佳途径之一。与朋友开玩笑，看一部优秀的电影都能让我们微笑。

3.多听音乐

尝试做一些能使精神舒缓的事情使压力保持在正常水平。倾听音乐是放松减压的最好方式之一，能使人感到放松、平和。

4.爱阅读

阅读也是减压的好方法。选读一本轻快、喜剧、浪漫或其他系列的书让人感觉良好。任何给人以积极健康的态度看待世界的书都能让人自我感觉良好和放松。

第七章　大学生人格健全发展

第一节　人格概述

一、人格的含义

"人格"一词是日常生活中的高频词汇，经常说"他具有高尚的人格""他出卖了自己的人格""他具有健全的人格"等。人格一词涵盖了法律、道德、社会、哲学等领域。人格一词最初来源于古希腊语 Persona，是指演员的面具，面具会随着角色的变化而不断变化，后来此词被用作描述人的心理。心理学上的人格内涵极其丰富，但基本包含两方面的意义：一是个体在人生舞台上所表现出的种种言行所遵从的社会准则，这就是我们可以观察到的外显的行为和人格品质；另一方面是内隐的人格成分，即面具后面的真实自我，是人格的内在特征。

人格是构成一个人的思想、情感及行为的特有的统合模式，这个模式包含了一个人区别于他人的稳定而统一的思想品质。人格是指稳定的行为方式。人格是使个体的行为保持时间的一致性，并且区别于相似情境下的其他个体行为的比较稳定的内部因素。人格是"稳定的""内部的""一致的""区别于"他人的心理品质。人格存在于个体内部，并不是外部行为。

二、人格的特征

（一）独特性

个体的人格是在遗传、成熟、环境、教育等环境交互作用下形成的。不同的遗传、生存及教育环境，形成了各自独特的心理特点，经常所说的"人心不同，各如其面"就是指的这个意思。如有的人开放自然，有的人顽固自守，有的人沉默寡言，有的人豪爽，有的人谨慎等。环境会使某一人格品质在不同人身上表现出不同的含义。如独立性这一人格特质，在缺乏父母爱护的家庭中成长的孩子，独立带有靠自己努力的含义；而在一个民主型家庭成长的孩子，独立则作为健全人格培养的重要部分。

（二）稳定性

人格的稳定性是指那些经常表现出来的特点，是一贯的行为方式的总和。正如古语所说："江山易改，本性难移。"一个人的某种人格特质一旦稳定下来，要改变是较为困难的事。这种稳定性还表现在人格特征在不同时空下的一致性。例如，一个性格外向的大学生，他不仅在家庭中非常活跃，而且在班级活动中也表现出积极主动的一面，在老师面前能自然地表现自己，不仅大学四年如此，即使毕业若干年再相逢，这个特质依旧不变。

（三）统合性

人是极其复杂的，人的行为表现出多元性、多层次的特点。人格的组合千变万化并非死水一潭，各种人格结构的组合千变万化，因而使人格表现得色彩纷呈。在每个人的人格世界里，各种特征并非简单的堆积，而是如同宇宙世界一样，依据一定的内容、秩序与规则有机组合起来的动力系统。人格的有机结构具有内在一致性，受自我意识的调控。当一个人的人格结构的各方面彼此和谐一致时，就会呈现出健康的人格特征，否则就会出现各种心理冲突，导致"人格分裂"。

（四）功能性

人格是一个人生活成败、喜怒哀乐的根源。正如人们常说的"性格决定命运"。人格决定了一个人的生活方式，甚至有时会决定一个人的命运。人们常常使用人格特征解释某人的言行及事件的原因。面对挫折与失败，有志者认真总结经验教训，在失败的废墟上重建人生的辉煌；而怯懦的人一蹶不振，失去了奋斗的目标。当人格功能发挥正常时，表现为健康而有力，支配着人的生活与成败；当人格功能失调时，就会表现出懦弱、无力、失控甚至变态。

三、人格的结构

人格是由不同成分构成的一个结构系统，不同成分从不同侧面反映了个体的差异。人格结构系统包括认知、动机、气质、性格、自我调控等成分。气质与性格是人格的重要方面。

（一）气质

气质是指个体表现在心理活动的强度、速度、灵活性与指向性的一种稳定的心理特征。这种特征既决定了个体心理活动的动力特征，又给每个人的心理活动蒙上了一层独特的色彩。比较常用的是以下分类，也有其他学说。

胆汁质——夏天里的一团火。这类人精力旺盛，直率、热情，行动敏捷，情绪易于激动，心境变换剧烈。这类大学生有理想、有抱负，有独立见解，反应迅速，行为果断，表里如一，不愿受人指挥，而喜欢指挥别人，一旦认准目标，就希望尽快实现，百折不挠，学习和工作带有明显的周期性特点，能以极大的热情和旺盛的精力投入学习和工作，一旦精力消耗殆尽时，便会失去信心，情绪顿时转为沮丧和心灰意冷。

多血质——喜形于色，可塑性强。多血质的人具有活泼好动、反应迅速、情绪发生快而多变、兴趣容易转移等特征。这类大学生易于适应环境的变化，性格活泼、热情，善于交际，在群体中精神愉快，相处自然，常能机智地摆脱困境。他们在学习和工作上肯动脑、主意多，不安于机械、刻板、循规蹈矩，常表现出较强的工作能力和办事效率，对外界事物兴趣广泛，但容易浮躁、见异思迁。

黏液质——冰冷耐寒。黏液质的人安静、稳重，反应慢，沉默寡言，情绪不易外露，注意力稳定难于转移，善于忍耐。这类大学生反应较为迟缓，但无论环境如何变化，都能基本保持心理平衡，凡事深思熟虑，力求稳妥，一般不做无把握的事情，在各种情况下都表现出较强的自我克制能力。他们外柔内刚，沉静多思，不愿流露内心的真情实感，与人交往时，态度适度，不卑不亢，不爱抛头露面；学习、工作有板有眼，踏实肯干，严格恪守既定的生活秩序和制度，但过于拘谨，不善于随机应变，固定性有余而灵活性不足，有墨守成规、因循守旧的表现。

抑郁质——秋风落叶。抑郁质的人孤僻、行动迟缓、情感体验深刻，善于觉察别人不易觉察到的细小事物。这类大学生在生理上难以忍受或大或小的神经紧张，厌恶那些强烈的刺激。感情细腻而脆弱，常因为小事引起情绪波动，自己心里有话也不愿向别人倾诉，喜欢独处，与人交往时显得腼腆，善于领会别人的意图，在团结友爱的集体中，很可能是一个容易相处的人，遇事三思而行，求稳不求快，对力所能及的工作能认真负责地完成，在学习、工作一段时间后，常比别人更感疲倦，在困难面前常怯懦、自卑和优柔寡断。

气质本身无优劣之分，任何一种气质都有其积极和消极的方面，气质也不能决定一个人活动的社会价值和成就的高低。因此，大学生要正确对待自己的气质类型，经常有意识地控制自己气质的消极品质，发扬积极品质，以有利于形成良好的个性。

（二）性格

性格是一种与社会最密切相关的人格特征，它是一个人对现实稳定的态度和与之相适应的习惯化了的行为方式的总和。性格表现了人们对现实与周围世界的态度，对自己、对别人、对事物的态度。

从不同角度和侧面可以对性格类型进行不同的划分，如按照知、情、意、行在性格中的表现程度，可分为理智型、情绪型和意志型三种。理智型的人以理智支配自己的行动；情绪型的人，情绪体验深刻，举止容易受情绪左右；意志型的人具有较明确的目标，行为主动。

按照个体的心理倾向，可分为外倾型和内倾型。外倾型的人心理活动倾向于外部，活泼开朗，善于交际，感情易于外露，处事不拘小节，独立性较强，但有时粗心、轻率；内倾型的人心理活动倾向于内部，一般表现为感情含蓄，处事谨慎，自制力强，交际面窄，适应环境比较困难。

按照个体独立性程度，可分为独立型和顺从型。独立型的人不易受外来事物的干扰，他们具有坚定的信念，能独立地判断事物，发现问题解决问题，在紧急和困难的情况下不慌张，易于发挥自己的力量，但有时会把自己的意志强加于人，固执己见，不易合群；顺从型的人随和、谦虚，易与人合作，但独立性较差，易受暗示，容易接受别人的意见，在紧急情况下易惊慌失措。

性格与气质都是构成人格的重要因素，二者相互渗透，相互影响，彼此制约。二者所不同的是，性格是人格中涉及社会评价的内容，更多受到环境的影响，具有较大的可塑性。性格具有社会评价的意义，反映了社会文化的内涵，而气质更多受生理上和心理上的特点制约，虽然在后天的环境影响下也有所改变，但与性格相比，它更具有稳定性，变化比较缓慢。

第二节　影响人格的因素

塑造和培养良好的人格是个体成长与发展的关键。在一个人的人生发展历程中，有许多因素会影响到人格的发展，人格的塑造是先天、后天因素共同作用的结果。研究表明：人格是环境与遗传交互作用的产物。在人格培养过程中，既要看到个体的生物遗传的影响，更要看到社会文化的决定作用。

一、生物遗传因素

心理学家对"生物遗传因素对人格具有何种影响"的研究已经持续很久了。由于人格具有较强的稳定性特征，因此人格研究者也会注重遗传因素对人格的影响。

双生子的研究被许多心理学家认为是研究人格遗传因素的最好办法，并提出了双生子的研究原则：同卵双生子既然具有相同的基因形态，那么他们之间的任何差异都可以归于环境因素造成的。而异卵双生子的基因虽然不同，但在环境上有许多相似性，如出生顺序、母亲年龄等，因此也提供了环境控制的可能性。系统研究这两种双生子，就可以看出不同环境对相同基因的影响，或者是相同环境下不同基因的表现。研究结果表明：由于同卵双生子具有相同的基因，因此他们之间的任何差异一定是环境造成的；由于异卵双生子在遗传上的不同，他们有许多相同的环境条件，故可提供一些有关环境控制的测量；同时研究同卵双生子与异卵双生子，就可能评估相同基因类型下不同环境的作用，以及在相同或类似环境下不同基因类型的作用。

研究结果表明：遗传是人格不可缺少的影响因素，但遗传因素对人格的作用程度因人格特征的不同而不同。通常在智力、气质这些与生物因素相关较大的特征上，遗传因素较为重要；而在价值观、信念、性格等与社会因素关系紧密的特征上，后天环境因素更重要。人格发展过程是遗传与环境交互作用的结果，遗传因素影响人格发展方向及形成的难易。

人既是一个生物个体，又是一个社会个体。人出生后，各种环境因素的影响就开始了，并会作用于人的一生。后天环境的因素是多种多样的，小到家庭因素，大到社会文化因素，这些因素对大学生人格的发展更为重要。

二、社会文化因素

人一出生，便置身于社会文化之中并受社会文化的熏陶与影响，文化对人格的影响伴随着人的一生。社会文化塑造了社会成员的人格特征，使其成员的人格结构朝着相似性的方向发展，而这种相似性又具有维系社会稳定的功能。这种共同的人格特征又使得个人正好稳稳地"嵌入"整个文化形态中。社会文化对人格的影响力因文化而异，越严格，其影响力就越大。影响力的强弱受其行为的社会意义大小的影响。对于不太具有社会意义的行为，社会允许较大的变异，但对在社会功能上十分重要的行为，就不允许太大的变异，社会文化的制约作用就越大。但是，若个人极端偏离其社会文化所要求的人格基本特征，不能融入社会文化环境中，可能就会被视为行为偏差或心理疾病。

社会文化具有塑造人格的功能，这反映在不同文化的民族有其固有的民族性格，不同的地域有着不同的文化传统，不同的文化发展时期有着不同的文化认同。社会文化对人格的影响力一直被人们所认可，它对人格的形成与发育具有重要的作用，特别是后天形成的一些人格特征，如性格、价值观等。社会文化因素决定了人格的共同特征，它使同一社会的人在人格上具有一定程度的相似性，如民族性格等。

值得重视的是：随着对文化因素的强调而产生的生物因素与文化因素之间的平衡，使得文化在个体人格发展中的作用受到进一步重视。

三、家庭环境因素

家庭常被视为人类性格的加工厂，它塑造了人们不同的人格特征。家庭虽然是一个微观的社会单元，但它对人格的培育起到了至关重要的作用。家庭是社会的细胞，家庭不仅具有其自然的遗传因素，也有着社会的遗传因素。这种社会遗传因素主要表现为家庭对子女的教育作用，俗话说"有其父必有其子"，不无一定的道理。父母按照自己的意愿和方式教育孩子，使他们逐渐形成了某些人格特征。

强调人格的家庭成因，重点在于探讨家庭之间的差异对人格发展的影响，探讨不同的教养方式对人格差异所构成的影响。儿童人格的发展和他与父母之间的关系息息相关。这意味着考虑亲子关系时，不仅要注意其对造成心理情绪失调和心理病理状态的影响，也得留意与正常、领导力和天才发展的关系。

孩子的人格是在与父母的持续相互作用中逐渐形成的，富于感情的父母将会示范并鼓励孩子采取更富情感性的反应，因此也加强了孩子的利他行为模式而不是攻击行为模式。孩子的人格就是在父母与他们的相互磨合中形成的。孩子在鼓励中增加了自信，在公平中学会了正义，在宽容中学会了耐心，在赞赏中学会了欣赏，在关爱中学会了爱人，在批评中学会了责难，在支配中学会了依赖，在干涉中变得被动与胆怯，在娇宠中学会了任性，在否定中学会了拒绝。

家庭教养方式一般可以分为三类。第一类是权威型教养方式，这类父母在对子女的教育中，支配欲很强，孩子的一切由父母来控制。成长在这种教育环境下的孩子容易消极、被动、依赖、服从、懦弱，做事缺乏主动性，甚至会形成不诚实的人格特征。第二类是放纵型教养方式，这类父母对孩子过于溺爱，孩子多表现为任性、幼稚、自私、野蛮、无礼、独立性差、唯我独尊、蛮横胡闹等。第三类是民主型教养方式，父母与孩子在家庭中处于一个平等和谐的氛围中，父母尊重孩子，给孩子一定的自主权，并给予孩子积极正确的指导。父母的这种教养方式使孩子形成了一些积极的人格品质，如活泼、快乐、直爽、自立、彬彬有礼、善于交往、富于合作、思想活跃等。

由此可见，家庭是社会文化的媒介，它对人格具有强大的塑造力。其中，父母教养方式的恰当性会直接决定孩子人格特征的形成。父母在养育孩子的过程中，表现出了自己的人格，并有意无意地影响和塑造着孩子的人格，形成家庭中的"社会遗传性"。

四、学校教育因素

学校是有目的、有计划地向学生施加影响的教育场所。教师、班集体、同学与同伴等都是学校教育的元素。

教师对学生人格的发展具有指导定向作用。教师的人格特征、行为模式与思维方式对学生产生巨大影响。每个教师都有自己独特的风格，这种风格为学生设定了一个"气氛区"，在教师的不同气氛中，学生表现出不同的行为表现。心理学家勒温等人也研究了不同管教风格的教师对学生人格的影响作用。他们发现在专制型、放任型和民主型的管理风格下，学生表现出不同的人格特点。

教师的公平公正性对学生有着至关重要的影响。一项有关教师公正性对中学生学业与品德发展的研究结果表明，学生极为看重教师对他们是否公正、公平，教师的不公正表现会导致中学生的学业成绩和道德品质的降低。"皮格马利翁效应"就说明每个学生都需要老师的关爱，在教师的关注下，他们会朝着老师期望的方向发展。实验研究表明，如果教师把自己的热情与期望投放在学生身上，学生会体察出老师的希望，并努力奋斗。很多学生都有受老师鼓励开始发愤图强，受老师批评而导致学习兴趣变化的人生体验。一位大学毕业生在谈及他的大学经历时说道：大一高数不及格，高数老师的积极鼓励使他重新开始认识与定位大学生活，如果不是老师及时积极的鼓励，也许他会放弃，正是老师的鼓励使他更加珍惜大学生活。

学校是同龄群体会聚的场所，同伴群体对学生人格具有巨大的影响。班集体是学校的基本组织结构，班集体的特点、要求、舆论和评价对学生人格的发展具有"弃恶扬善"的作用。

少年同伴群体也是一个结构分明的集体，群体内有具有上下级关系的"统领者"和"服从者"，有平行关系的"合作者"和"互助者"。这个群体中体现着不同于孩童与成人的青少年亚文化特征。与幼童不同的是，孩子离开父母或被父母拒绝是幼童焦虑的最大根源，而少年的焦虑不安则来自同辈群体的拒绝。在少年这个相对"自由轻松"的群体中，他们学习待人接物的礼节与规范，他们了解了什么样的性格容易被群体所接纳。在这个少年团体中，他们拥戴的是品学兼优的同伴。有人曾做过测验，分析了中学生喜欢哪种类型的学生领袖。结果是他们更喜欢学业优秀、办事老练、具有良好道德素质的学生领袖，而不是风头正劲、具有漂亮外表及成绩优异的人。他们喜欢有能力、能胜任工作、高智商、精力充沛、富于创造的同伴。在少年时期，男孩子比女孩子倾向于更大、更活跃的团体，他们多少会有些无视成人权威的倾向，而女孩子的团体则更显得合作与平和。一般来说，少年同伴团体性质是良好的，但也存在着不良少年团伙，对少年造成了极坏的影响。学生对这种群体要避而远之，学校、家长及社会要用强有力的教育手段来"拆散"他们，防止他们对学校及社会产生危害。

总之，学校对人格形成与发展的影响是不可忽视的，学校是人格社会化的主要场所。教师对学生人格发展具有导向作用，同伴群体对人格发展具有"弃恶扬善"的作用。

五、自然物理因素

生态环境、气候条件、空间拥挤程度等这些物理因素都会影响人格。一个著名的跨文化心理学研究实例是关于北美洲的因纽特人和非洲的特姆尼人的比较研究。这个研究说明了生态环境对人格的影响作用。

因纽特人以渔猎为生，夏天在船上打鱼，冬天在冰上打猎；主食肉，没有蔬菜；过着流浪生活，以帐篷遮风避雨。这个民族以家庭为单元，男女平等，社会结构比较松散，除了家庭约束外，很少有持久、集中的政治与宗教权威。在这种生存环境下，父母对孩子的教养原则是能够拥有独立生存能力。男孩由父亲在外面教打猎，女孩由母亲在家里教家务。儿女教育比较宽松、自由，鼓励孩子自立，使孩子逐渐形成了坚定、独立、冒险的人格特征。而特姆尼人生活在杂色灌木丛生地带，以农业为主，种田为生。居住环境固定，一般为300~500人的村落。社会结构紧固，有比较分化的社会阶层，建立了比较完善的部落规则。在哺乳期时，父母对孩子很疼爱，断奶后就要接受严格管教，使孩子形成了依赖、服从、保守的人格特点。由此可见，生存环境影响了人格的形成。

另外，气温也会导致人的某些人格特征的频率提高。如热天会使人烦躁不安，易对他人采取负面反应，甚至进攻，发生反社会行为。世界上炎热的地方，也是攻击行为较多的地方。

自然环境对人格不起决定性影响作用，更多表现为一时性影响，而且多体现在行为层面上。自然物理环境对特定行为具有一定的解释作用。在不同的物理环境中，人可以表现出不同的行为特点。

六、自我调控因素

上述各因素体现的是人格培养的外因，而外因是通过内因起作用的。人格的自我调控系统就是人格发展的内部因素。人格调控系统是以自我意识为核心的。自我意识是人对自身及对自己同客观世界的关系的意识，具有自我认知、自我体验、自我控制三个子系统。自我调控系统的主要作用是对人格的各个成分进行调控，保证人格的完整、统一、和谐。

它属于人格中的内控系统或自控系统。

自我认知是对自己的洞察和理解，包括自我观察和自我评价，其中自我评价是自我调节的重要条件。自我观察是对自己的感知、期望、行为及人格特征的评价和评估。当一个人不能正确地认识自我，只看到自己的不足，觉得自己处处不如人，就会自卑、丧失信心，做事畏缩不前，甚至失败。相反，过高地评价自己，盲目乐观，也会导致出现失误。因此准确地认识自我，实事求是地评价自己，是自我调节和人格完善的重要途径之一。

自我体验是自我意识在情感上的表现，是伴随自我认识而产生的内心体验。当一个人对自己做正向的评价时，就会产生自尊感；做负向评价时，便会产生自卑感。自我体验的调节作用体现在它可以使自我认识转化为信念，进而指导其言行。同时，自我体验还能够伴随自我评价激励积极向上的行为或抑制不当行为。在一个人认识到自己不当行为的后果时，会产生内疚、羞愧的情绪，从而收敛并制止自己的不当行为再次发生。

自我控制是自我意识在行为上的表现，是实现自我意识调节作用的最终环节。当个体认识到社会要求后，会力求使自己的行为符合社会准则，从而激发起自我控制的动机，并付诸行动。当一个学生意识到学习对自己的发展具有重要意义时，会激发起他努力学习的动力，从而在行为上表现为刻苦学习、不怕困难、持之以恒、积极进取。自我控制包括自我监控、自我激励、自我教育等。

自我意识是通过自我认知、自我体验和自我控制三个方面来对个体进行调控的，使个体心理的各个方面和谐统一，使人格达到统一与完善。

综上所述，在人格的培育过程中，各种因素对人格的形成与发展起到了不同的作用。遗传决定了人格发展的可能性，环境决定了人格发展的现实性。

第三节　大学生健全人格的培养

一、健全人格的含义

大学生健全人格包括以下四个方面。

一是自我悦纳，接纳他人。人格健全的学生能够积极地开放自我，正确地认识自己，坦率地接受自己的缺点，并对生活持乐观向上的态度。

二是人际关系和谐。人格健全者心胸开阔，善解人意，宽容他人，尊重自己也尊重他人，对不同的人际交往对象表现出合宜的态度，既不狂妄自大，也不妄自菲薄，在人际关系中具有吸引力，深受大家的喜欢。

三是独立自尊。人格健全者的人生态度乐观向上，生活态度积极热情，有正确的人生观与价值观，能够用理性分析生活事件，头脑中非理性观念较少。

四是能够发挥自己的潜能。人格健全的大学生具有自我发展、自我塑造与自我完善的能力。能够充分开发自身的创造力，创造性地生活，发现生命的意义并选择有意义的活动。

二、大学生人格障碍的类型

所谓人格障碍，指一种人格发展的内在不协调，在没有认知过程障碍或者没有智力障碍的情况下出现的情绪反应、动机和行为活动的异常。这种人格在发展和结构上明显偏离正常，致使个体不能适应正常的社会生活。常见的人格障碍有以下几种类型。

（一）偏执型人格障碍

偏执型人格又叫妄想型人格，这是一种以猜疑和偏执为主要特点的人格障碍，其行为特点常常表现为：对自己的能力估计过高，好胜心强，有强烈的自尊心，对批评或挫折过分敏感；看问题主观片面，工作和学习上往往言过其实，失败时常迁怒于他人而原谅自己；生性嫉妒，往往认为自己成了别人阴谋的牺牲品；多疑，易将别人无意的或友好的行为误解为敌意或轻蔑而产生歪曲体验。偏执型人格障碍主要表现在以下几方面：广泛猜疑，常将他人无意的、非恶意的，甚至友好的行为误解为敌意或歧视，或无足够根据就怀疑会被人利用或伤害，因此过分警惕与防卫；将周围事物解释为不符合实际情况的"阴谋"；易产生病态嫉妒；过分自负，若有挫折或失败则归咎于他人，总认为自己正确；好嫉恨别人，对他人过错不能宽容；脱离实际地好争辩与敌对，固执地追求个人不够合理的"权利"或利益。

偏执型人格的人很少有自知之明，他们往往对自己的偏执行为持否认态度，因此在社会上的人数和比例不详。但在相关调查研究中还发现，偏执型人格障碍患者中以男性较为多见，且以胆汁质或外向型性格的人居多。

（二）强迫型人格障碍

强迫型人格的最主要特征就是要求严格和完美，容易把冲突理智化，具有强烈的自制心理和自控行为。这类人在平时没有安全感，对自我过分克制，过分注意自己的行为是否正确，举止是否适当，因此表现得特别死板，缺乏灵活性。他们责任感特别强，往往用十全十美的高标准要求自己，追求完美。在处事方面，过于谨小慎微，常常由于过分认真而重视细节，忽视全局，怕犯错误，遇事优柔寡断，难以做出决定。他们的情感以焦虑、紧张、悔恨较多，轻松愉快满意较少。不能平易近人，难于热情待人，缺乏幽默感。由于对人对己都感到不满而易招怨恨。

强迫型人格障碍是一种较常见的人格障碍，强迫型人格障碍主要表现在以下几个方面：做任何事情都要求完美无缺、按部就班、有条不紊，因此有时反而会影响工作效率。不合理地坚持别人要严格地按照他的方式做事，否则心里很不痛快，对别人做事很不放心。犹豫不决，常推迟或避免做出决定。常没有安全感，穷思竭虑、反复考虑计划是不是得当，反复核对检查，唯恐疏忽和差错。拘泥细节，甚至生活小节也要"程序化"，不遵照一定的规矩就感到不安或要重做。完成一件工作之后常缺乏愉快和满足的体验，相反，容易悔恨和内疚。对自己要求严格，过分沉溺于职责义务与道德规范，无业余爱好，拘谨吝啬，缺少往来。

（三）反社会型人格障碍

反社会型人格障碍亦称悖德型人格障碍，这是一种以行为不符合社会规范为主要特点的人格障碍。其最大特点是缺乏道德情感，忽视社会道德规范、行为准则和义务，没有怜悯同情之心，对他人的感受漠不关心。这种人的智力发育良好，但行为未加深思熟虑，也不考虑后果，常因微小刺激便引起攻击、冲动和暴行。对自己的行为不负责任，从无内疚感，不能从经验中吸取教训，一犯再犯而不知悔改，所以屡教不改。说起话来似乎头头是道，但给人以蛮不讲理和似是而非的印象，不论出了什么问题，总是责怪别人。

反社会型人格障碍者对坏人和同伙的诱惑缺乏抵抗力，对过错缺乏内疚，他们的冲动和无法自制的欲望是由家庭成员对自己行为的无原则、无道德标准和缺乏抑制等造成的。反社会型人格障碍患者中以男性较为多见。

反社会型人格障碍主要表现在以下三个方面：智力正常，没有精神病症状和非理性行为，也没有幻觉、妄想或思维障碍，初次给人很好的印象，能帮助别人排忧解难。没有神经性焦虑，不敏感。对家人、朋友不忠实，对工作没有责任心，判断能力差，做错事情不后悔，也不能吸取教训。从童年开始出现任性、离家出走、逃学等反抗行为；少年期过早出现破坏公物和不遵守规章制度的行为；成年后表现差，常旷课、旷工，对家庭不负责，欠款不还，犯规违法。叙述自己的行为时态度随便，即使撒谎被识破也泰然自若。

（四）自恋型人格障碍

自恋型人格障碍的基本特征是对自我价值感的夸大和缺乏对他人的共感性。这类人会没有理由地夸大自己的成就和才干，过分关心自己，以自我为中心。而在实际生活中，他们稍微有不如意时，就会体验到自我无价值感。他们总是幻想自己很成功，拥有权力、美貌和智慧，一旦遇到比他们更成功的人就会产生强烈的嫉妒心。他们的自尊心很脆弱，过分关心别人对他们的评价，要求别人持续的注意和赞美；对别人的批评则感到愤怒和羞辱，通常以外表的冷淡和无动于衷来掩饰。不能理解别人的细微情感，缺乏将心比心的共感性，因此人际关系常常出现问题。常有特权感，期望自己能够得到特殊的待遇，多是基于利益来选择朋友。

自恋型人格障碍以年轻男性较多见。自恋型人格障碍主要表现在以下几个方面：对批评的反应是愤怒、羞愧或感到耻辱（尽管不一定当即表现出来）。喜欢指使他人，要他人为自己服务。过分自高自大，对自己的才能夸大其词，希望受人特别关注。坚信自己关注的问题是世上独有的，仅能被某些特殊的人物了解。对无限的成功、权力、光荣、美丽或理想的爱情有非分的幻想。认为自己应享有他人没有的特权。渴望持久的关注与赞美，缺乏同情心，有很强的嫉妒心。

（五）戏剧型人格障碍

戏剧型人格障碍是大学生人格障碍中最为常见的一种，以女性居多。戏剧型人格也叫癔症型人格。典型的特征是心理和情感发育不成熟。具有这种人格的人最大的特点是做作、情感表露过分，总希望引起他人的注意。戏剧型人格障碍的特点是：喜欢引人注意，情绪带有戏剧化色彩，把玩弄别人作为达到自我目的的手段。戏剧型人格障碍主要表现在以下几个方面：常以做作、夸张的行为引人注意。暗示性和依赖性特别强，以高度自我为中心，不为他人考虑，情绪变化多端，易激动。对人感情肤浅，难以与他人保持长久关系，但又渴望得到他人的理解和评价。爱幻想，常把想象当成现实，耐不住寂寞，希望生活像演戏一样热闹和不平静。言行举止类似于儿童，常打扮得花枝招展，

（六）分裂型人格障碍

分裂型人格障碍又称关闭型人格障碍。这种人表现为退缩、孤独、沉默、不爱交际和冷漠，不仅自己不能体验到快乐，待人亦缺乏温暖，爱好不多，过分敏感，怪癖，活动能力差，缺乏进取心，对人际关系采取不介入态度，多见于男性。分裂型人格障碍主要表现在以下几个方面：有怪异的信念和与社会文化背景不相符的行为，身着奇装异服。如相信自己有透视力、心灵感应、特异功能等。声称自己有不同寻常的知觉体验，言语怪异、离题、繁简失当或言语表达不清等，与其智力和文化程度不相符。如表述自己超脱凡尘，能看见不存在的人，能与不存在的物体进行交流、沟通等。表情淡漠，对人冷淡，对家人缺乏情感和体贴，常单独行动，与人交往仅限于生活和工作，除家人外无亲密朋友，对别人的意见漠不关心，无论是批评还是赞扬均无动于衷。

（七）依赖型人格障碍

当事人极度依赖别人，虽有较强的工作能力，但缺乏自信，总需要求助于他人来应对自己的日常事务或做出决策。其特点是当事人自小受人宠爱，生活条件优越；依赖性极强，以自我为中心，缺乏道德感、义务感和同情心，不守公德，不讲道理，适应能力差，一旦遭受挫折，容易自暴自弃，依赖型人格障碍主要表现在以下几个方面：深感自己软弱无助，有一种"我是小可怜"的感觉。当需要自己拿主意时，便一筹莫展，像一只迷失了方向的小船。理所当然地认为别人比自己优秀，比自己有吸引力，比自己能干。无意识地倾向于以别人的看法来评价自己。

（八）冲动型人格障碍

冲动型人格障碍又称爆发型或攻击型人格障碍。其发作过程有突发性，类似于癫痫。这类人格始于童年期，往往因为极小的事情和精神刺激就会爆发暴力行为，自己控制不住自己，从而破坏或伤害他人。主要特征是以被动的方式表现其强烈的攻击性倾向，外表表现被动、服从和百依百顺，内心却充满敌意和攻击性，他们仇视他人但不敢表露在外，满腹牢骚却又依赖权威。一般男性多于女性，冲动型人格障碍主要表现在以下几个方面：有不可预测和不考虑后果的行为倾向，行为爆发不受控制。不良行为或犯罪行为反复无常，可以是有计划的，也可以是无计划的，行动之前有强烈的紧张感，行动之后体验到愉快、满足和放松，无真正的悔恨和罪恶感。情绪反复无常，容易与他人争吵或发生冲突，特别是当受到批评或行动受阻时，容易暴怒或出现无法自控的行为。冲动可以是有意识的，也可以是无意识的。做事没有计划性，缺乏毅力。人际关系具有强烈性、不稳定性，要么与人关系极好，要么没有朋友。

三、大学生健全人格的培养

大学生健康人格的塑造，需要全社会、学校、家庭和大学生自身的共同努力。而健康人格的塑造，最关键的还在于大学生自身。人格是稳定的，但在后天的努力下既能培养良好的人格品质，也可以改变不良的人格品质，为此，大学生可采取以下方法和途径。

（一）认识自我

认识自我是改变自我的开始。大学生要想有效地进行人格塑造，就应当充分了解自己的人格状况，深刻理解这种要求实现的动机，明确人格塑造的目标、内容、途径和方法。

人格塑造是为了实现人格优化，以达到人格健全。人格优化的方法就是择优汰劣。择优即选择某些良好的人格品质作为自己努力的目标，如自信、勇敢、热情、勤奋、坚毅、诚恳、善良、正直等；汰劣即针对自己人格上的缺点、弱点予以纠正，如自卑、胆怯、冷漠、懒散、任性、急躁等。

（二）拥有正确的"三观"

一个人有了正确的人生观、世界观和价值观，才能对社会、对人生抱有正确的认识和看法。当遇到困难或挫折时，能够站得高，看得远，正确地分析事物，采取适当的态度和行为，稳妥地处理事情。这样的大学生更容易形成心胸开阔、乐观豁达的人格品质，更有利于心理健康。

（三）学习知识

学习科学文化知识、增长智慧的过程也是塑造和优化人格的过程。同时，各学科的全面发展是人格健全发展的智力基础，"读史使人明智，读诗使人灵秀，数学使人周密，科学使人深刻，伦理学使人庄重，逻辑修辞使人善辩，凡有所学，皆成性格"。所以，注重知识的丰富和积累也是非常重要的。在现实中，不少人格缺陷甚至障碍都来源于知识的贫乏。无知容易使人粗俗、自卑，而丰富的知识则使人明智、自信、坚强、谦和、大度。

（四）参与实践

学习活动可以培养人格，社会实践活动对大学生人格塑造更具有直观的影响。社会是一个大舞台，每个人都必须接受社会活动的锻炼，才能把握好自己的角色，形成自己独特的人格。因此可以说，社会实践活动是大学生人格塑造的一个重要途径。实践证明，在大学期间参加社会实践活动的大学生多具有头脑灵活、思路开阔、独立性强、富于创造性、善于交往、自信、果断、讲效率等良好的人格特征。这些学生知识面广，社会经验丰富，毕业后大多能很快地适应新的工作环境。

（五）培养良好习惯

人格优化要从每一件眼前的事情做起。一个人的行为往往是其人格的外化，反过来，一个人日常言行的沉淀成为习惯就是人格。小事不仅有塑造人格的丰富意义，而且无数良好的小事可"聚沙成塔"，最终形成优良的人格，诸如一个人的坚韧、细致，乃至开朗、热情、乐观都是长期养成的习惯。

（六）建立良好的人际关系

人格发展的过程也是个人社会化的过程。人格在集体中形成，也在集体中展现。集体是个人展现人格的平台，也是认识自我的一面镜子。首先，大学生应该接近他人、关心他人，与他人建立和谐的人际关系，了解他人的需求，解决他人的困难。通过关心他人，培养助人为乐的好品格。其次，真诚地与他人交流。真诚友好而适度地开放自己，达到与他人心灵的沟通，是建立良好人际关系的基础。

（七）加强自律

一切客观的环境影响和教育活动都要通过大学生主观的自我调节才能起作用。所以大学生健全人格的形成，也主要依靠自身的修养。健全人格包含着非常丰富的内容，它的形成是一个长期的自我修养和不断完善的过程。尤其是在当今这个多元价值观念并存的社会，大学生要想形成健全的人格，就要踏踏实实，立场坚定，不丧失信心，持之以恒地反躬自省，努力做到自重、自省、自警、自励，只有这样才能做到人格的完善。

人格的健全是心理健康的根本标志。重视人格的培养，既是健康的需要，也是发展的需要，既是现实的需要，也是未来的需要。大学生要充分认识到健康人格对自身发展的必要性，要充分发现自己的长处，但又要寻找和承认自己的不足，勇敢地面对挑战，不断地发展自己，促进自身人格的完善。

第八章 大学生心理辅导

第一节 大学生朋辈心理辅导

在大学生心理健康教育实践中，朋辈心理辅导是一种重要的心理辅导形式。朋辈心理辅导具有实施方便、推广性强、见效快的特点，因而受到大学生的普遍欢迎。朋辈心理辅导不仅能在专业教师的督导和培训下帮学生解决一些心理上的问题，而且还能对一些有助人意愿、助人能力的学生进行专门的培训，使其具有一定的心理辅导能力。本节内容主要围绕高校朋辈心理辅导进行较为系统的探究。

一、大学生朋辈心理辅导的基本内涵

（一）朋辈心理辅导的含义

朋辈心理辅导，即由受过半专业训练并在专业人员督导之下的人员，通过运用积极倾听、问题解决技巧以及关于个人成长和心理健康的知识等，对需要帮助的朋辈提供倾诉、支持或者辅导的服务。这里的"朋辈"，含有"朋友""同辈"等意思，主要是指在年龄、地位、知识和生活方式等方面基本相当的群体。为了促进大学生朋辈心理辅导活动的开展，高校心理健康教育职能部门可以通过培训和督导一批自愿从事心理援助的学生，在心理辅导基本原则的指导下，对周围需要心理帮助的同学给予心理开导、安慰和支持，提供一种具有心理辅导功能的服务。

（二）朋辈心理辅导的作用

在大学生群体中开展朋辈心理辅导，主要可以起到如下四个方面的积极作用。

1. 让大学生的心理保健需要得到满足

随着社会的不断发展，现代人对自己的心理保健更为关注，尤其是当代大学生，他们

承受了诸多沉重的压力，因而对心理保健的需求也日益突出。另外，大学生所受心理困扰的层次有一定的差异性，无论是一般的适应问题，还是严重的心理障碍，甚至是精神疾病都有发生的可能性。其中，多数大学生的问题都是在较短时期内的心理困扰。而这些问题实际上完全可以由经过培训的朋辈辅导员进行处理。这不但可以让心理辅导教师不足的问题得到有效缓解，而且可以让大学生日益增长的多层次的心理保健需要得到充分的满足。

2. 缓解专业辅导人员不足的压力

通过开展朋辈心理辅导，让朋辈辅导员分担专业辅导教师的相关工作，从而使专业辅导教师可以有更多的时间和精力去处理更为迫切的个案。这对学校心理辅导整体效果的提高，有着十分积极的促进作用。

3. 提高辅导的时效性

在大学校园中，由于学习与品性上比较优秀的学生不但能给其他同学起到表率作用，同时更重要的是他们能够广泛地与同学接触，所以与专业心理辅导教师相比较而言，他们更容易发现大学生的问题，而且也更容易及时和同学进行沟通。为此，朋辈心理辅导员选择的对象通常都是这些学生，从而让辅导的时效性得到提高。

4. 促进朋辈心理辅导员的成长

大学生朋辈心理辅导对于朋辈心理辅导员这一作用通常表现在两个方面：一方面，在实际的助人过程中，朋辈心理辅导员可以学习如何与人沟通、如何面对问题、分析解决问题；另一方面，他们接受培训就会掌握更多的心理保健方面的知识，从而学会如何很好地调整心态，塑造个性。因此，这对朋辈辅导员本身就是一种成长，对提升自己、发展自己是十分有帮助的。

二、大学生朋辈心理辅导的主要程序

大学生朋辈心理辅导要获得理想的效果，按照一定的程序进行是非常必要的。具体来说，大学生朋辈心理辅导的实施主要分为以下八个程序。

（一）建立辅导关系

这是实施朋辈心理辅导的第一步。建立辅导关系，对辅导员真实了解来访学生的情况、确定辅导目标十分有帮助。事实上，只有基于这种积极的关系，学生才会与辅导员积极合作，对心理辅导抱有热情和信心，从而有助于提高辅导效果。在建立辅导关系的过程中，辅导员需要注意以下三个方面。

1. 要注重自身的着装与态度

朋辈心理辅导者对来访者要热情有礼、耐心慎重，着装要大方得体，行为举止礼貌谦逊。在初次会谈时，来访学生常常较为紧张，因此其对朋辈辅导员的第一印象，往往会对其心理产生十分巨大的影响。为此，朋辈辅导员具备热情的态度和得体的着装是十分必要的。毕竟热情友好的态度，往往给人以亲切感，从而能够有效地拉近双方的距离。尤其是当来访学生受到心理困扰、抱以满腔希望而来之时，热情友好的态度与得体的着装可以给他们一种力量、一种希望、一种安慰，可以在相当大程度上降低其焦虑的水平。

2. 以自我介绍引导来访学生表达出自己的想法

在初次会谈时，朋辈心理辅导员可以向来寻求指导和帮助的来访学生进行简明扼要的自我介绍，再对来访学生进行辅导。在简短的自我介绍后，可以允许有一段短暂的沉默时间。这主要是为了给来访学生一个整理思绪的时间，从而使其在开始之初便能完整地说出自己的问题，以达到引导来访学生积极配合心理辅导的目的。

3. 通过会谈减少来访学生的困惑与戒备

在初次会谈之时，朋辈心理辅导员可就辅导的性质、角色、目标以及特殊关系等内容，向来访学生解释时间的限制、会谈的次数、保密性、正常的期望等。如此做的主要目的，就是减少来访学生的困惑，并消除他的戒备心理。另外，这也使来访学生能够确定对朋辈心理辅导的正常期望。

（二）掌握来访学生的资料

来访学生的资料，可以说是朋辈辅导员进行心理辅导的客观依据之一。对来访学生资料的掌握，主要是指搜集与来访学生相关的各种资料，并且通过会谈、观察、心理测验等方式，了解来访学生的基本情况以及存在的心理问题。

1. 来访学生基本情况方面的资料

来访学生的基本情况，通常包括年龄、家庭以及社会生活背景、生活经历、兴趣爱好、学习情况以及有无心理辅导经验等内容。通过对这些基本情况的了解，朋辈心理辅导员可以掌握其过去、现在等各方面的活动及生活方式。总之，对来访学生基本情况的掌握，能更加准确地把握住其主要的心理问题，以便更有针对性地进行心理辅导。

2. 来访学生心理问题方面的资料

相较于基本情况的资料搜集来说，心理问题方面的资料搜集往往要复杂得多。这是由于来访学生普遍存在疑虑心理，总是很难直截了当地将其面临的心理问题如实反映出来，或者是他们自己也弄不清问题的实质，只是单纯地感觉到困扰，且希望改变现状。为此，朋辈心理辅导员需要通过搜集相关资料把来访学生的心理问题的性质、心理问题持续的时间以及产生心理问题的原因搞清楚，以便于进行有效的心理辅导。

（三）对搜集的资料进行分析、鉴别

其实，在搜集资料的同时，朋辈心理辅导员就已开始对资料进行分析与鉴别了。分析、鉴别资料的过程是在搜集资料的基础之上进一步明确心理问题的实质、程度以及原因，并对其做出正确评估的过程。

1. 确定心理问题的性质

朋辈心理辅导员首先要做的，就是将来访学生的心理问题的性质确定下来，即属于学习问题、人际关系问题，抑或是其他方面的问题等。由于并不是所有心理问题都可以通过朋辈心理辅导解决，所以，如果遇到有些问题不是朋辈心理辅导所能解决的，那么辅导员应当及时将来访学生介绍给专业心理辅导教师，以便由专业心理辅导教师重新进行评估，之后再决定如何解决问题。

2. 找出心理问题产生的根本原因

通常而言，找出来访学生出现心理问题的根本原因，才可以有针对性地分析心理问题，进而采取相应的措施来解决。造成来访学生心理问题的原因往往是多方面的，不同的心理辅导理论和方法解决问题的角度也是不同的。所以，朋辈心理辅导员要针对来访学生具体的心理问题进行有针对性的方法选择与运用，以最终保证取得最佳的心理辅导效果。

（四）制定辅导目标

朋辈心理辅导所追求的结果与所要达到的目的，实际上就是所谓的心理辅导目标。因此，辅导目标的确立，在整个心理辅导过程中有十分重要的指导意义。具体而言，其主要体现在三方面：首先，可以为辅导双方指引方向，既能将实现目标的计划、步骤详细制定出来，又能在实施过程中根据目标对实施方案进行必要的调整；其次，对辅导双方的积极合作有很大的推动作用；最后，使心理辅导的评估成为可能。

为了让朋辈心理辅导的顺利进行得到充分保证，那么一定要在遵循科学原则的基础上采取合理的方法。这主要包括以下几方面内容。

1. 辅导目标必须由辅导双方共同制定

在制定辅导目标的过程中，一定要通过辅导员和来访学生的共同配合、互相交流最终达成一致。这样制定出来的辅导目标才是较为客观、真实的，也才能让双方共同努力去最终实现目标。

2. 使心理辅导目标的针对性得到充分保证

辅导目标的针对性，即解决的是心理问题而不是其他问题。在朋辈心理辅导过程中，往往会遇到一些如来访学生经济上发生困难等不属于心理方面的问题，虽然这些问题致使

来访学生感到不安，但这些其实都不属于朋辈心理辅导的范围。毕竟朋辈心理辅导的目标只能是帮助来访学生调整认知和心态，而不是直接去解决这些问题本身。为此，朋辈心理辅导员要充分保证心理辅导目标的针对性。

3. 将中间目标与终极目标统一结合起来

朋辈心理辅导过程中所要达到的具体目标，是中间目标；而实现人的心理健康、潜能的充分发掘和人格的完善，则是终极目标。确定朋辈心理辅导的目标，应强调中间目标与终极目标的辩证统一，并要求双方做到以下两点：其一，辅导双方要在发现具体的心理问题及引发原因的同时，以此为依据将其人格特点、心理素质等方面的不足深入地挖掘出来。其二，使来访学生在具体问题上掌握心理调节的技能与方法得以迁移、运用到类似的情境中去。如此一来，才能真正实现中间目标与终极目标的统一结合。

4. 目标一定要具体、有可行性

关于朋辈心理辅导目标，来访学生在表述时往往有些笼统、抽象，如希望能适应社会的发展、有较强的学习能力、善于交往等。而如此较大且空泛的目标几乎难以操作、落实，所以，也就相应地很难进行辅导。为此，这就需要辅导双方经过交流沟通，共同将抽象目标具体化，使模糊的目标清晰明确、笼统的目标变得较为具体。总而言之，只有具体的、可行的朋辈心理辅导目标才可以顺利进行，同时也才有可能取得十分理想的辅导效果。

（五）确定辅导方案

辅导方案的确定，通常包括两方面：一个是选定方法；另一个则是为实施这些方法而制定的具体内容。解决来访学生心理问题的方法有很多，如较为常用的"支持与安慰""内省与领悟""训练与学习""疏导与宣泄"等。实施这些方法而制定的具体内容，主要包括以下四方面。

第一，所采取辅导方法的目标。

第二，该方法的实施要求，即该做什么、如何去做以及不做什么。

第三，该方法是否能达到预期的目的。

第四，告知来访学生必须对心理辅导的过程抱有足够的耐心。

（六）实施指导与帮助

指导与帮助的实施过程，是在与来访学生共同选择方法并制订计划后开展的。在这个过程中，朋辈心理辅导员要按照不同的辅导方法及其不同的要求与做法，从而有针对性地、灵活地进行指导与帮助。具体来说，指导与帮助的措施主要有以下三方面。

第一，可直接指导来访学生做某件事，说某些话或者进行某种行为。

第二，可灵活运用鼓励、指导与解释。这就要对来访学生的积极方面给予真诚的表扬、支持，以增强其自信心，促进其积极行为的实施。

第三，可通过必要的解释，让来访学生从一个全新、全面的角度面对自己的问题，认识其自身以及周围的环境，从而使其自知力得到有效提高，使其人格的完善和问题的解决得到有效促进。

（七）巩固辅导效果

巩固所取得的辅导效果，是结束辅导之前需要完成的一项任务。具体而言，巩固效果的工作通常包括以下三方面。

1. 让来访学生对取得的成绩进行总结

朋辈心理辅导员需要与来访学生共同回顾并总结其心理问题和辅导过程。通过重新审视来访学生的心理问题，从而对辅导目标、辅导过程、辅导方法以及辅导效果等进行总结。这十分有利于帮助来访学生加深对自身问题的认识，明确辅导的方向，并从中获得有益的启示。实际上，这种总结本身就具有巩固、优化辅导效果的意义。

2. 让来访学生充分认识到自己已取得的进步

朋辈心理辅导员应当向来访学生指出其已取得的进步，并且对已基本达到既定的心理辅导目标进行相关说明。同时，必须让来访学生与辅导员达成共识。让来访学生充分认识到自己的进步，不但可以使其得到一种巨大的精神鼓舞，而且可以暗示其心理辅导的过程即将结束，从而让来访学生做好心理准备。总之，这就要求朋辈心理辅导员对来访学生所取得的进步进行耐心、具体的分析，指导其真正认识到自己的进步。

3. 让来访学生把获得的经验运用于实践中

朋辈心理辅导员应指导来访学生将辅导中所获得的经验运用到日常生活中去，使其逐步稳定、内化为来访学生的观念、行为方式和能力，并且使来访学生独立地适应环境。通常而言，来访学生在朋辈心理辅导员的引导之下，在特定条件下可以表现其习得的经验。而一旦当其独立面对实际生活环境时，往往又显得几乎疲于应付。这一方面有经验掌握尚未牢固的原因，另一方面也有其自信心不足的心理因素。因此，能否顺利完成这一过渡，可以说在相当大程度上决定着辅导目标能否最终实现。

（八）追踪调查

朋辈心理辅导员对来访学生进行追踪调查是十分有必要的，毕竟这可以对来访学生能否运用获得的经验适应环境有一定的了解，并进而最终了解整个辅导过程的成功与否。追踪调查最好在辅导基本结束后的数月至一年之间进行。如果调查的时间过早，那么调查结果的真实性则难以保证；而时间过晚，那也就不能及时地了解情况、发现问题，同时也增加了调查工作的难度。所以，朋辈心理辅导员一定要把握好追踪调查的时间。

在如今的学校心理辅导中，追踪调查通常可采用的方式较多。其中，最为常用的方式主要有以下三种。

1. 约请来访学生定期前来面谈

这是了解辅导效果直接、有效的方式，即朋辈心理辅导员与来访学生进行面谈。这种方式的优势主要在于获得的信息量较大，也有助于辅导员及时发现问题，并适时予以进一步指导。

2. 让来访学生定期填写信息反馈表

一般来说，信息反馈表是由心理辅导机构统一印制的。朋辈心理辅导员应当嘱咐来访学生定期填写并及时反馈给辅导员，从而有助于辅导员及时、准确地了解来访学生的状况。

3. 对来访学生周围的人进行访问

这就是说，朋辈心理辅导员向来访学生周围的人进行访问，如其父母、班主任、同学、关系密切的朋友等，以对来访学生的适应状况进行了解。假如可以将这种方式所获得的信息与其他方式反馈的信息综合起来进行考察，那么得出的结论往往将更加全面、更加真实。不过，在运用这种方式之时，辅导员必须注意维护来访学生的利益，即保护其尊严，做好相关的保密工作。所以，辅导员有时需要以间接或委婉的方式进行。

第二节　大学生团体心理辅导

在解决大学生发展过程中遇到的某些具有共性的心理问题或心理障碍等，可以开展相关的团体心理辅导工作。本节主要围绕大学生团体心理辅导展开系统且深入的论述。

一、团体心理辅导的含义

在团体情境下，辅导员就求询者存在问题的相似性，建立相应的课题，交由团体商讨、训练、引导，为团体小组提供心理帮助与指导，共同解决成员在发展中遇到的问题或解决成员在发展中有可能存在的一些心理障碍等，这一辅导形式即为团体心理辅导。

团体心理辅导中的"团体"，主要指的是团体指导者（一般为一位或两位辅导员）和成员（参加团体心理辅导的多个求询者）。在团体心理辅导中，成员的数量没有限制，因此存在着不同的团体规模，少则三五人，多则几十人。

在团体心理辅导中，成员们经过多次聚会活动，实现成员之间的相互交流和共同讨论、相互了解，从而改善团体的人际关系，使得团体成员的人际交往能力得到提升，社会适应性得到增强；通过讨论团体成员均感兴趣的话题，彼此启发、相互支持鼓励，实现各自人格的不断完善。

由此可以看出，团体心理辅导不仅是一种进行心理治疗的有效方式，也是开展教育活动的有效方式。

二、大学生团体心理辅导的优势

团体心理辅导不同于其他形式的心理辅导，团体心理辅导的最大特点在于当事人是在团体中通过相互交流、相互启发、相互影响等方式形成对自身问题的正确认识。相对于其他心理辅导和咨询方式来说，团体心理辅导存在的优势主要体现为以下四方面。

（一）具有较强的感染力和影响力

相对于个体心理辅导来说，团体心理辅导具有较强的感染力，其产生的影响也更加广泛。团体心理辅导采取了多向沟通的方式，因此当事人存在的影响就会增加，从而使其感染力得到增强。

一个人是无法称为团体的，因为在团体中存在多个人。在进行辅导的过程中，每个人不仅能够得到其他成员的帮助，还能尽自己所能去帮助别人。此外，成员在团体情境中还可以同时学习模仿其他成员的适应行为，从不同的角度了解自己，从而使认识更为全面。在团体心理辅导过程中，成员共同合作发挥自身的主观能动性，集思广益，从而增加了解决问题的可能性，同时还能减少成员对咨询者的过分依赖。

（二）具有较高的效率

团体心理辅导具有较高的效率，在时间、精力方面的消耗相对来说要小一些。相对于个体心理咨询形式中的一对一心理咨询辅导来说，团体心理辅导是一个咨询者对多个成员，从而可以省时、省力。另外，团体心理辅导还能够防患于未然，产生一定的经济效能。团体辅导中利用集思广益的研讨方法来解决问题，属于比较经济的方法。

（三）具有持续的有效性

与其他心理辅导方式不同，通过团体心理辅导方式进行心理咨询和治疗取得的效果比较容易巩固。这是团体心理辅导具备的主要优势之一。在进行团体心理辅导过程中，能够营造一个与真实社会生活相贴近的情境，从而为参加者提供了充分的社交机会，有利于成员真实地表现自己。

辅导者在进行辅导的过程中，需要营造出一种促进成员之间相互信任的良好气氛，运用示范、模仿训练等方法，促进参加者彼此之间形成良好的人际关系。如果在团体中的行为能有所改变，就可以将这种改变拓展到现实社会生活中，即实现辅导结果的迁移，使得治疗的结果容易巩固下来。

（四）具有良好的人际关系调节作用

对处理不好人际关系的人来说，团体心理辅导具有特殊的作用和优势。现今的大学生一般都缺乏社会经验，缺乏一定的人际交往能力和技巧，这样的青少年通过参加团体心理辅导，能够锻炼和提高自己的人际交往能力。

那些难以和同学相处的人，可经由团体心理辅导来提高其社会适应性和社会适应能力。有些人或缺乏客观的自我评价、缺少人与人之间彼此的信任或过分依赖、武断，也可以通过团体心理辅导，与他人建立良好的人际关系，矫正自身在人际交往中存在的问题和不足之处。

三、团体心理辅导活动设计

开展团体心理辅导活动，需要有一定的计划性，从而使活动得以有效进行。为此，可以设计相关的团体心理辅导活动，以更好地实现活动的目的，提高活动的效率和效果。

（一）团体心理辅导活动的目标设计

团体心理辅导活动的开展要体现一定的方向性和目的性，而团体心理辅导课程目标对其开展具有非常重要的指导作用。为此，在设计团体心理辅导课程时需要确定活动的目标，目标的设计要达到以下要求。

1. 体现发展性目标

进行大学生团体心理辅导活动是为了预防大学生产生心理疾病，促进大学生心理健康发展。这包括正确地看待自我，对自己做出正确的评价；学会调节和控制自身的情绪，掌握一定的人际交往技巧，建立良好的人际关系；培养良好的个性；让学生能够创造性地解决学习过程中遇到的问题，从而实现自身的全面发展。

要实现上述要求，在设计团体心理辅导活动目标时要体现出一定的发展性，从而有效解决学生在成长和发展过程中遇到的问题和迷惑，如自我意识问题、人际关系问题、个性品质问题、学习问题等。

对每个参与者个体而言，这些问题具有较强的针对性，能够矫治和解决一些发展性问题。另外，团体心理辅导活动还应该着眼于"如何完善自我，如何调控情绪，怎样增强记忆力，学会沟通与合作"等，为学生的良好发展提供科学有效的方法和途径。

2. 目标应具体，并体现一定的层次性

团体心理辅导活动课程目标的设计不能太抽象，而应该具体、明确，以便对课程的实际开展状况进行评估或检验。为此，在设计目标时，可以通过制定总目标、中间目标、具体目标等，将目标分为多个层次，从而使目标内容更为具体、详细，更具有针对性。

一般来说，团体心理辅导活动的总目标为实现学生心理健康发展，培养学生健全的人格，促进学生更好地发展；设置的中间目标，要能解决学生实际存在的问题，培养学生某些方面的品质或能力。中间目标的内容涉及多个方面，如让参与者正确认识自身的存在价值、培养良好的个性和品质、提高社会交往能力、掌握一定的心理救助或自救知识等。

同时，可以对中间目标进行进一步的细分，从而形成多个子目标。例如，在改善人际交流、建立自信心这一中间目标之后，可以设置以下几个子目标。

第一，正确看待自己的优点和长处，正视自身存在的不足之处，建立自信心，掌握基本的人际交往技巧。

第二，正确看待和评价他人，学会欣赏他人的优点，包容、接受他人的缺点，学会赞美他人，并不吝啬通过自己的言语表达对他人的认同。

第三，正确与他人相处。在团体活动中，培养责任感，具备一定的团队意识，并学会与他人合作。

3. 目标的认可度较大

辅导者所设计的活动目标，应该建立在充分了解每个参与者的真实想法的基础上，体现参与者的需求。在确定目标之前，首先需要对学生想要学习的内容或方向、想要解决的问题等有一定的了解。只有这样，才能让辅导者与参与者有共同的话题，从而共同探讨可能形成和达到的目标。

通常在设计辅导课程目标时，可以交由广大参与者共同探讨，从而得出具有较高认可度的目标，使辅导的效果达到最佳水平。

（二）团体心理辅导活动的内容设计

团体心理辅导包含了较为广泛的内容。不同的团体心理活动类型具有不同的内容。根据不同的辅导目标和参与者的特点，设计活动方案的内容也会呈现一定的差异性。因此，要对不同类型团体心理辅导活动的内容进行不同的设计。

1. 按心理与行为性质进行分类的心理辅导活动内容

以心理与行为的性质对团体心理辅导活动进行的分类，其辅导活动的内容主要包括学习方面的辅导、心理方面的辅导和职业方面的辅导。

2. 按关键事件进行分类的心理辅导活动内容

这种分类是针对现阶段参与者开展的心理辅导活动课的笼统性来说的，因此有学者认为，在进行心理辅导内容设计时，应该以参与者当前所面临的"关键事件"作为主题，从而确定辅导目标和辅导方案。这一类型的辅导活动，主要分为学习辅导、人格辅导、生活辅导和职业辅导等方面的内容。

第一，学习辅导的内容，主要偏向于对学生的学习情绪、动机和学习策略与技术所开展的训练和辅导。

第二，人格辅导的内容，主要涉及学生的自我意识、情绪、意志、品格、人际交往技能及青春期问题等。

第三，生活辅导，主要是对学生休闲消费和生活适应方面的辅导。

第四，职业指导的主要内容为对学生升学和职业方向的指导。

3. 按个体特点进行分类的心理辅导活动内容

在对大学生进行团体心理辅导的过程中，为了使辅导更具有针对性和时效性，有的学者将心理辅导专门活动的内容集中在人际交往、自我意识、工作、休闲、应付困难、学习态度方法、家庭生活与性教育等与学生特点紧密联系的内容上。

（三）团体心理辅导活动的设计原则

团体心理辅导属于一门学科，常以课程的方式实施，从而为参与者提供某些具有共性的心理品质。通过团体心理辅导课程设计，能够让每个参与者在活动中接受训练、获得体验和启示。而课程的实施，通常应该进行一定的设计，以使课程的实施具有一定的计划性和合理性。在具体设计过程中，应该遵循以下三方面的原则。

1. 提高参与者的积极主动性

团体心理辅导课程的内容，要符合参与者的年龄特征和心理发展规律。参加这一课程活动的大学生，处于迅速发展时期，他们具有较强的探索能力和喜欢具有挑战性的事物，为此辅导活动内容要体现出一定的新颖性，以激起学生的学习兴趣和积极性，提高其参与课程活动的热情，使参与者在有意、无意中接受良好的心理品质教育。在这一过程中，体现了参与者的主动性，因此他们不会有一种被支配的感觉。这种课程内容设计，才能收到良好的辅导效果。

2. 允许个体差异性的存在

团体心理辅导虽然是为了解决大学生在发展过程中遇到的某些共性问题或者共同解决某些问题，但是在实际辅导过程中，还应该考虑个体之间的差异性。即使是处于同一年龄阶段的大学生，由于生活经历、认知水平等方面的差异，会使其心理发展状况和水平存在一定的差异。

为此，在进行团体心理辅导活动设计时，要充分考虑个体之间的差异性，允许差异的存在，做到难易适中，尽量使大多数人能够参与集体辅导活动并自然进入自己的角色。这样，参与者才能做到真情流露，卸下自身的心理防卫机制，在辅导者的引导下自觉地接受教育或相关要求。

3. 结合实际生活

进行团体心理辅导，是为了解决个体存在的心理障碍或心理问题，以使其更好地进行社会生活和社会实践。为此，在设计心理辅导活动时，要结合现实社会生活中的某些因素，或创设有关社会实际生活的情境，提供参与社会实践的机会，让参与者能够在社会实践活动中不断解决有关心理方面的问题。例如，在实施人际交往、升学择业等咨询活动课程时，完全可以利用社会实践的方式让参与者在真实的社会生活中接受训练和辅导。另外，辅导者可以通过观察参与者在社会实践活动中的表现，对其心理品质进行鉴定和评估，从而设计出更好更适宜的辅导方案。

四、团体心理辅导活动的组织与实施

在进行任何团体活动时，都会涉及有关组织和实施的相关事宜，大学生团体心理辅导活动也是如此。在团体心理辅导活动的组织与实施过程中，应当做好以下几方面的工作。

（一）做好活动前的准备工作

团体心理辅导活动的准备工作涉及多个方面，如确立团体心理辅导的性质和目标，确定团体活动的规程、时间与频率，准备好活动的地点、教学资料、教具等。团体心理辅导活动准备工作的好坏，会对活动的效果起到直接影响作用。

1. 明确团体的类型

在团体心理辅导的准备工作中，必须明确团体心理辅导的类型。总的来说，大学生团体心理辅导的类型主要有以下三种。

（1）发展性团体心理辅导活动

在发展性团体心理辅导中，其主要目标在于开发学生的心理潜能、促进学生人格的成长，从而实现学生心理健康发展。从目前高校开展的各类心理辅导类型来看，基本上都是发展性团体心理辅导。在这一团体心理辅导活动中，参与者的心理都是正常的，都是处在成长过程中的大学生。

这一团体活动的参与人数一般在 30~40 人，有时候也会以一个班的成员为基本单位进行心理辅导。通过班内成员之间深刻活跃的讨论，或开展丰富多样的心理活动，使参与者共同探讨成长发展中的问题，从而对自己或他人有更加客观、深刻的认识，以利于开发身心潜能，保持自身心理健康发展。

（2）预防性团体心理辅导活动

在预防性团体心理辅导活动中，其主要方法在于进行敏感性训练，以提高学生处理人际关系的能力，增强其社会适应能力。这种心理辅导的参与者一般为少数学生，但有时也可以面向全体学生。

（3）治疗性团体心理辅导活动

在治疗性团体心理辅导活动中，十分重视潜意识的作用。这一活动主要面对的是学生较深层次的冲突和困扰，因此活动开展持续的时间也比较长。学校主要针对心理问题比较严重的学生进行小组咨询，以消除学生存在的心理困惑或问题。

确定了团体心理辅导活动的性质和目标之后，还要对本次活动的具体目标进行确定。目标必须体现出一定的明确性和可操作性。然后再根据目标设计相应的活动，使学生通过体验，讨论和感悟实现咨询的最终目标。

2. 确定团体的规模

团体心理辅导活动的规模，即人数，会对活动的效果造成很大的影响，为此应该对团体的规模进行严格控制。一般来说，最适宜的人数规模为 5~10 人，过多或过少都会对成员之间的沟通造成一定的影响。在确定团体活动的人数时，应该充分考虑以下四点。

第一，小组成员个体特点、年龄及基本情况。在团体心理辅导活动中，若参与成员的年龄偏大，可以适当增加参与人数。

第二，指导者的经验和能力。负责进行心理辅导活动的辅导员，若其经验丰富、能力较强，可以适当扩大团体的规模。

第三，小组类型。在进行开放式团体心理辅导过程中，可以扩大参与成员的人数；而在封闭性团体心理辅导过程中，不应该随意扩大心理辅导的规模。

第四，心理问题的类型。在实施团体心理辅导活动过程中，若是以治疗为主要目标，则参与者的人数不宜过多，一般 6~10 人为宜；在以训练为目标的团体心理辅导中，人数一般为 10~12 人；在发展性团体心理辅导中，参与者人数可以达到 12~20 人。

3. 明确团体辅导的组织方式

（1）持续式团体心理辅导组织方式

在持续式团体心理辅导组织方式中，活动具有一定的持续性和定期性。这类团体一般活动以 8~15 次为宜。活动频率为每周 1 次或 2 次，每次活动的持续时间为 1.5~2 小时。依辅导对象的不同，可以适当调整每次活动的间隔及每次活动的持续时间，指导员可以根据具体情况进行灵活变通。对青少年来说，每周活动次数可增多，活动的持续时间可以维持在 30~40 分钟之间。

（2）集中式团体心理辅导组织方式

在这一辅导组织方式中，往往实行的是团体成员集中住宿，利用节假日休息时间进行辅导活动，如假期自助夏令营等。活动开展的时间长短，也与团体目标和学生的具体情况有密切联系。一般 3~5 天为宜，但最长不宜超过 1 周。

4. 确定团体活动的地址

良好的活动环境，有利于参与者集中精力、放松心情或稳定情绪，从而能够身心愉悦地完成团体活动任务。持续式团体心理辅导活动的场所，应该偏向于安静、舒适、优雅、有安全感、空旷的地方，能够让学生感到放松或自由。

集中式团体心理辅导活动的地点，常常设置在远离闹市、风景优美、依山傍水的地方，如海滨等。当学生处于美好的大自然中，能够放松自身的情绪和压力，同时还能集中注意力来进行团体活动。

5. 准备好活动的设备

进行团体心理辅导活动，往往需要借助一定的设备来完成。

因此，在活动的准备阶段，指导者应该提前搜集与辅导活动有关的资料，如图片、图书、电影、电视资料、饰物以及供学生角色扮演使用的服装、道具等。这不仅能提高学生的参与兴趣，还有利于增强活动的效果。

（二）合理确立团体成员

团体成员的结构对辅导效果的好坏有直接影响，因此，要十分注重团体成员的选择和确定，要确保团体成员是在自愿的前提下参与活动的。只有达到共同的意愿，才能增强团队的凝聚力，以取得预期的辅导效果。

1. 明确服务对象

明确辅导目标、确定服务对象，是指导者进行心理辅导的前提条件。要明确辅导的对象是一般正常人还是存在一定心理问题的人。根据参与者的背景情况，可以实施同质团体心理辅导和异质团体心理辅导这两种不同的辅导方式。参加团体心理辅导的成员一般具有相同的背景问题（如都希望改善人际关系），此时宜进行同质团体心理辅导；对于不同背景的参与者，可以实施异质团体心理辅导，如以班级为单位的团体心理辅导课。相同背景的人，有利于他们之间的相互认同，共同探讨解决问题的有效途径；但不同背景的人聚集在一起，有利于他们了解不同人的心理与行为，从而认识到自身的不足，改变自身不良的心理状况或行为。

2. 参与者应具备的条件

团体心理辅导的成员，需要具备以下几种条件。

第一，参加团体心理辅导的成员，必须是建立在自愿的基础上的，并强烈希望对当前的状况进行改变，以实现自身的发展与提高。

第二，具有与他人交流的意愿，并具备一定的交流能力。

第三，具有一定的耐心、毅力等品质，能坚持全程参加团体活动。另外，参与者应该遵守团体制定的各项规则或制度。

这里要指出的是，在小组辅导中，不宜让那些性格过分内向、羞怯、孤僻，或者有严重心理障碍的学生参与。

3. 参与成员的获得

通常来说，小组的成员主要是通过以下途径获得的。

（1）通过宣传获得

第一，辅导员在进行学生集会、上课等活动中，通过向学生直接宣传，讲解团体心理辅导的目的，鼓励学生参加团体心理辅导活动。这种方法比较直接，反馈及时，是较为常见的宣传形式。

第二，在学校人口聚集较为密集的地方张贴海报或广告，吸引有兴趣的同学参加该辅导活动。

第三，学校运用校刊、广播台、校园网和学生刊物等形式面向全校学生进行广泛宣传，从而吸引有志者参加。

通过宣传活动而获得的参与者，一般都是自愿参加该辅导活动的。因此心理辅导工作较为容易，也容易取得良好的辅导效果。

（2）通过建议辅导获得

建议辅导主要有两种情况：一种是由心理辅导员根据日常咨询中发现的问题而建议学生参加心理辅导，另一种是班主任在教学中发现学生存在心理问题而转介获得的。例如，老师挑选学习有困难或行为有问题的学生参与心理辅导，而并非学生本人自愿参加的。这种团体心理辅导参与者的防卫意识较强，并在团体心理辅导初期表现出较强的抗拒心理。此时指导者必须做好工作，采取有效的方法技巧，吸引小组的学生自愿参与团体心理辅导。

4. 对团体成员的筛选

有些已经报名参加团体心理辅导的参与者，可能并不需要进行团体心理辅导。当团体成员人数过多，或并不适合进行心理辅导，组织者就需要对其进行筛选。此项工作虽然耗时费力，但是对整个团体的发展来说是大有益处的。同时还有利于增强被辅导者的信心，提高其配合的积极性。具体来说，大学生团体心理辅导活动中，对团体成员的筛选主要有以下三种方法。

（1）面谈筛选法

在这一方法中，指导者与申请者进行一对一面谈，通过了解申请者的个性、问题、动机类型等基本情况，进而判断、决定其是否参加团体心理辅导。在面谈时，辅导者可以筛选出不适合参加团体辅导活动的成员，或无法通过此团体辅导活动获益的成员，以保障团体辅导活动的顺利进行。同时，指导者要加强对学生的了解，建立互信关系；指导者通过面谈向申请者详细介绍团体辅导活动的内容、规则、要求等，为申请者是否继续参与活动提供依据。

（2）心理测验筛选法

在这一筛选方法中，指导者通过对申请者进行细致观察和相关的心理咨询，使指导者预知个别成员在团体中可能出现的行为，以此来判断申请者是否适合参加团体心理辅导。例如，申请者若具有严重的人格缺陷，就不应该参加发展性团体心理辅导活动等。

（3）书面报告筛选法

在这一筛选方法中，指导者提出一系列问题，要求申请者进行书面回答。指导者根据申请者的回答情况，决定其是否参加团体心理辅导活动。常见的问题有：你为何要参加团体心理辅导、你对团体有什么要求、你对团体能做出哪些贡献等。

（三） 团体心理辅导活动的启动与运作

一般情况下，团体心理辅导活动的启动与运作分为几个不同的阶段，每个阶段都有一些特别的要求与行为。为此，对应不同的阶段，应该开展与之相对应的活动。

1. 导入阶段的活动

导入阶段的活动是为了让团体成员之间通过互相沟通而对彼此有一定的了解，并逐渐营造出一种团体合作互助的气氛。刚参加团体心理辅导活动的成员，彼此缺乏了解，大家对对方的背景、问题等都会产生好奇心理。同时，由于这种陌生感会导致有些成员出现恐惧感或焦虑感，怕不被接纳或怕出丑等。因此在这个阶段，各成员可以通过简单的游戏互动实现对相互之间的认识。指导者应该尽量选择那些自己比较熟悉、对运作及可能发生的情况有所掌握的活动，从而能够在活动中对成员进行良好的引导，使成员紧张的心理放松下来。

导入阶段的活动可以是"静态"的，也可以是"动态"的。静态活动主要是针对一些问题而设置的；动态活动适合于多种类别的团体。活动的目的可以是提高成员的参与积极性，也可以是对学生的基本行为进行评估。特别要强调的是，导入阶段活动的目的应该强调加强成员之间的认识、沟通和互信。

导入阶段的活动，通常为非语言和语言形式的交流。非语言交流主要表现为体操活动、放松感觉、按摩、盲行等。语言交流主要有自我介绍、关注练习等。

2. 实施阶段的活动

各阶段团体心理辅导活动之间的界限并不是绝对的。但为了将活动的整个过程清晰地表述出来，需要将团体心理辅导活动划分为不同的阶段。团体心理辅导活动的实施阶段，是整个活动的关键阶段。尽管各类团体心理辅导在理论依据、活动方式、实施方法等方面千差万别，但是在各阶段中，成员之间的相互影响具有一致性。这种一致性表现在各成员都在讨论自己或他人的心理问题或成长经历，以获得别人的理解、支持和指导；通过团体间的互动活动，发现自身存在的不足或问题，并及时地纠正过来；把团体作为实验场所，不断努力纠正自己在心理或行为方面的偏差，并将努力的成果逐渐扩展到现实社会生活中。

在这一阶段，团体成员通过互相探索、解决矛盾、互相适应，既能融于团体内，又能保持各自的独立性，并努力确定自己在团体内的位置，找出团体成员在团体内互相间的关系。通过一系列活动，成员之间由不认识到知交，并获得了一定的交往技巧，从而实现自身的发展。

在团体心理辅导活动的实施阶段，辅导目的、问题类型、对象的具体情况会对团体活动的形式和方法有一定的影响。活动的形式主要有讲座、讨论、心得体会、写日记、训练、角色扮演等。比如，针对一些神经衰弱者组成的团体，指导者可以先具体、系统地讲解有关神经衰弱的知识或理论，然后通过开展自由讨论，认识病情，分析原因，深入探讨并得出解决对策。成员在交流的时候，能够增强彼此之间的认识，达成共识，或从他人意见中得到启发，及时对自身问题进行改正。最后通过写体会，对自身问题进行深刻反思，以确立信心，得出解决方法。

在这个阶段，发展性团体根据团体目标和成员特点会进行一些有趣的活动，如自我探索（常用的活动有：我是谁、生命线、人生格言、自画像、墓志铭等）、价值观探索（常用的活动有：临终遗命、生存选择等）、相互支持（常用的活动有：金鱼钵、戴高帽等）以及脑力激荡等活动，通过交流分享活动的所思、所感来帮助团体成员获得发展。

3. 终结阶段的活动

终结阶段的活动是为了巩固团体心理辅导活动的成果，为团体心理辅导活动结束后的分别做好心理准备。在这个阶段，团体成员对团体经验能够有更加深入的认识，从而能够顺利将学习成果扩展到正常的生活中。这个阶段也叫团体结束期，但这一阶段并不是最后一次聚会，它具有一个动态持续时间。不同的团体终结期也不同。通常情况下，团体存在的时间越长，成员之间的关系也就越牢固。终结阶段要注意的事情越多，团体终结产生的情绪反应就会越强烈。因此，在团体心理辅导活动的结束期，持续的时间自然要长一些。

团体终结阶段处于活动的尾声，经常会被忽视。但团体心理辅导指导者要充分而有效地利用这一时机，为团体活动做一个圆满的结束。

在这个阶段，常用的活动形式有总结会、联谊会、大团圆等。通过前两阶段的互动，团体中已经形成了和谐而又亲密的气氛，各成员情绪高涨、身心放松、互信互助。在这种气氛下离别难免会有伤感，因此，指导者需要对这一阶段的活动进行合理的安排。

团体自然结束是团体心理辅导计划完成的最理想状态，但有时候团体会遇到一些困难和问题，而使团体活动不得不提早结束。如成员对团体失去兴趣、成员间纷争不断、某些成员或指导者有急事需要马上离开等，从而使团体活动不能自然结束。这时，必须妥善处理，以免团体成员出现新的问题。

（四）对团体心理辅导效果进行评估

团体心理辅导活动结束后，需要对整个心理辅导过程的效果进行评估，以及时获得反馈信息，提出改进或修改方法，为下一次活动提供有益借鉴。通常情况下对团体心理辅导活动的效果评估主要是从以下四方面进行的。

1. 团体活动的状况

对团体成员状况进行评估时，主要应考虑三方面的问题。

第一，团体心理辅导活动目标的实现情况。即团队通过辅导活动，是否达到了预期的目标，预期目标的实现程度如何。例如，是否对某些问题达成了共识，团队中的问题是否得到有效解决等。

第二，团队凝聚力是否得到进一步增强。判断的依据为每个成员对集体的认同感和归属感状况，以及团队成员的集体意识等。

第三，团队满意程度。团体的这一状况反映的是团队面貌变化的敏感指标。

2. 团队成员状况

通过作业、交谈、问卷、测试和观察等多种方法，可以对心理辅导团队中各成员的状况进行有效评估。一般地,对团队成员状况的评估主要从以下两方面进行考察。

第一,团队成员对辅导活动所持的态度,是否积极参与团体心理辅导活动,是否爱上本门课程等。

第二,团队成员的心理状况是否得到了改善,包括团队的自我认识、自信心、情绪、人际关系等是否得到了明显的改善。

3. 活动设计质量状况

具体来说,对团体心理辅导活动设计质量状况的评价,可以从以下三个方面进行。

第一,活动是否出现科学性的错误,活动设计既要有利于成员的准确理解,又要深入浅出地表述心理学的基本概念。

第二,活动的主题和目标是否与成员的具体情况相符合,问题应该是成员想要解决的,活动目标要适中,不能太高,也不能太低。

第三,设计的活动情境是否具有一定的趣味性或者生动性,是否能激发成员的参与热情等。

4. 辅导者的表现状况

辅导者的表现评估内容主要包括教师的角色是否到位;教师是否具有积极的情绪,是否有激情,能否借助自身的语言和非语言行为来感染学生;教师的辅导活动是否体现出一定的创造性;活动方式、过程的安排是否合适,是否达成单元目标,活动时间分配是否恰当;等。

第九章 未来心理健康教育发展

第一节 心理健康教育新理念

心理健康教育在我国迅速发展，为改革开放的顺利进行、为和谐社会的构建发挥了不可替代的作用，得到政府和社会的认可。然而，综观这些年心理健康教育的发展历程，我们不难看出，心理健康教育工作的重点在于针对有问题的人群，也就是问题导向。心理健康与身体健康一样，普及与预防比治疗更重要，我们应该通过普及教育，预防各种心理障碍和心理疾病的发生，提高心理素质和综合素质，防患于未然应该成为工作的重心。

一、基于全面普及理念的心理健康教育

思想道德观念、社会结构、人生观等的巨大变化强烈地冲击着大众的心理，人们面对着各种各样的心理挑战、变化和竞争。在这种情况下越来越多的人感到焦躁、抑郁和不安。物质生活的提高既带来了便利，也带来了日益突出的心理健康问题。较之以往，心理障碍发生得更加频繁，心理疾病患者数量明显增加。快速发展的经济社会，一方面使人们承受巨大的心理压力，另一方面又要求人们具备强大的心理承受能力，要勇敢乐观地面对生活，要具备良好的沟通协调能力，要有强大的自信心。心理健康是人对生命的意义和世界的真实理解，构成了人的关系世界的和谐状态。拥有健康心理状态的人们善于洞察生活和生命的本质，懂得调整生活状态，拥有自我解放的能力，会通过各种加工方式使自己的生活世界趋于和谐与平衡。从这个角度来说，人怎样生活、生活得怎样，这取决于他是怎样的人，因此，心理健康教育不应该是针对个别人或群体的教育，而应该是一项全民教育。

令人欣喜的是，关于心理健康的相关议题，已上升到国家层面，《中华人民共和国国民经济和社会发展第十三个五年（2016—2020 年）规划纲要》中，有关"心理"的内容共有四处，这是史无前例的，也标志着国民心理健康教育从问题补救模式转向了预防引导

模式。"预防"是应对心理疾病高发的最根本的办法，事实上，心理健康不是一个点，不是"健康—不健康"那样的截然相反，而是一个连续的渐变过程。通过预防或早期干预和治疗，可使心理受损的程度不至于高过临界值，大多数心理疾病是可以预防的。实践也证明，用于促进心理健康所花的费用比用于心理治疗要少得多。

（一）增强教育改革发展活力部分

深化教育改革，增强学生社会责任感、法治意识、创新精神、实践能力，全面加强体育卫生、心理健康、艺术审美教育，培养创新兴趣和科学素养。

（二）加强重大疾病防治和基本公共卫生服务部分

完善国家基本公共卫生服务项目和重大公共卫生服务项目，提高服务质量效率和均等化水平。提升基层公共卫生服务能力。加强妇幼健康、公共卫生、肿瘤、精神疾病防控、儿科等薄弱环节能力建设。实施慢性病综合防控战略，有效防控心脑血管疾病、糖尿病、恶性肿瘤、呼吸系统疾病等慢性病和精神疾病。加强重大传染病防控，降低全人群乙肝病毒感染率，艾滋病疫情控制在低流行水平，肺结核发病率降至 0.058%，基本消除血吸虫病危害，消除疟疾、麻风病危害；做好重点地方病防控工作。加强口岸卫生检疫能力建设，严防外来重大传染病传入。开展职业病危害普查和防控。增加艾滋病防治等特殊药物免费供给。加强全民健康教育，提升健康素养。大力推进公共场所禁烟。深入开展爱国卫生运动和健康城市建设。加强国民营养计划和心理健康服务。

（三）关爱未成年人健康成长部分

实施儿童发展纲要。强化对未成年人生存权、发展权、受保护权、参与权的依法保障和社会责任。完善未成年人监护制度，构建未成年人关爱社会网络，健全社区未成年人保护与服务体系。消除童工现象。制订实施青年发展规划，营造良好成长成才环境，促进学校教育、家庭教育、社会教育协调互动，培养青少年勤学、修德、明辨、笃实的良好品质，激发青少年活力和创造力。加强学校及周边社会治安综合治理，严厉打击危害未成年人身心健康的违法犯罪行为。加强未成年人心理健康引导。有效预防未成年人犯罪。鼓励青少年更多参与志愿服务和社会公益活动。

（四）健全权益保障和矛盾化解机制部分

健全利益表达、协调机制，引导群众依法行使权利、表达诉求、解决纠纷。完善行政复议、仲裁、诉讼等法定诉求表达机制，发挥人大代表、政协委员、人民团体、社会组织等的诉求表达功能。全面推行阳光信访，落实及时就地化解责任，完善涉法涉诉信访依法终结制度。落实重大决策社会稳定风险评估制度，完善调解、仲裁、行政裁决、行政复议、诉讼等有机衔接、相互协调的多元化纠纷解决机制。健全利益保护机制，保障群众权利得到公平对待、有效维护。健全社会心理服务体系，加强对特殊人群的心理疏导和矫治。

二、发挥高校在心理健康教育中的作用

（一）我国高校应成为心理健康教育的主要研究基地

据统计，迄今为止，足以影响人类生活方式的重大科研成果中有 70% 诞生在这些世界的一流大学，1946—1987 年诺贝尔奖成果中的 70% 是在世界一流大学创造的。这些大学的开创性的划时代研究成果改变了人类的历史进程。由此可见，科学研究对高等学府的发展是至关重要的，科学研究的质量同样也影响着它对社会的影响能力。我国的高校也正在朝着研究型大学发展，如正在开展的"211"工程。

高等学校作为我国科学研究的主要机构，一方面是高校发展的需要，科学研究是它扩展自己的社会影响的途径；另一方面，我国的高等学府集中着我国的多数高级知识分子和研究人员。国家也大力鼓励他们进行科学研究，并且投入了大量的财力、物力，为他们的研究提供了优厚的条件。因此，这是他们必须承担的责任。我国最先开始的心理健康学研究基地是在高校。尽管心理学相关学科在我国的发展曾受到较大的冲击，但随着社会的发展，特别是在现在的国情下，由于人们的心理健康观念的变化，心理健康教育研究的需求也在不断增大，高校的心理健康研究也在一步一步发展，因而高校的心理健康教育研究与社会的需求联系在一起。高等学校的研究人员应该将自己的研究和社会的实际情况联系起来，应该关注社会的发展，利用学术和人力资源，了解社会各阶层心理，为国家提供建议。特别是当前中国正处于转型期这一特殊的时期，各大高校更应该如此，尽可能多地开展当代中国人的心理问题的研究，这是各大高校进一步提升自己的社会影响力的需要，更是国家和社会赋予他们的不可推卸的责任。

我国的心理健康教育最先在高校发展起来，因此面对当前中国的特殊国情，我国的高等院校应当积极响应社会的要求，利用已有的资源积极地开展转型期中国人心理问题的研究，无论是对社会还是高等院校这都是意义重大的。心理学的发展离不开社会的发展。高校开展对社会各阶层的研究也可以切实地贴近全体社会成员的生活，从而扩大心理学对社会的影响。

（二）高校应积极为社会提供心理健康服务

改革开放和市场经济在给我国经济社会带来巨大发展、综合国力大大提高的同时，也不可避免地带来诸如社会竞争加剧、升学压力增大、就业形势严峻、贫富分化和城乡差距拉大等社会问题。这些种种不和谐因素难免会引起广大的社会成员的心理障碍和失衡。高校作为心理健康教育的基地，有义务也有能力开拓多种渠道，为社会大众提供心理健康服务。

1. 充分利用各种资源，多渠道宣传心理健康知识

现在许多高校的心理咨询中心都设有网络心理咨询板块，对那些有困惑而又不敢或是不便见心理咨询师的个体提供最快捷的帮助。其具体服务方式有网上论坛、网上测验、电子邮件、个别或团体线上即时文字交谈、网络电话等。每天都会有专业人士及时回复网上留言、电子邮件。自网上咨询开展以来，受到了广大人群的关注与喜欢。当然，网络服务也有其局限，例如，网上论坛和网上测验无法针对个人问题进行辅导治疗；电子邮件、线上交谈和网络电话只能算是一种辅导，其效果比面对面地深入交谈要差得多。所以，目前的多数心理网站只能进行以提供知识、信息和建议为主的咨询服务，还无法实施严格意义上的心理辅导与治疗。提高网络技术，采用多形式的网络工具将是今后高校网上心理咨询发展的一个重要方向。

为了提高民众对心理健康的认识，每年高校都会有专家为企业、社区、农村组织各种形式的讲座，讲座内容涉及人际交往、恋爱情感、亲子关系、抑郁症等方面。这些讲座积极宣传心理健康知识，提高了人们的心理健康的意识。同时，许多高校还办了"心理健康"之类的报纸，发至街头巷尾；制作心理健康宣传展板和传单，对广大民众进行心理健康知识和技能的宣传普及；有的高校还联合广播电台以及电视台对心理健康问题进行宣传与报道。多方位的宣传让他们清晰地认识到心理健康也是健康的一个很重要的方面，心理咨询并不是仅仅针对那些精神病人，要正确看待心理问题，积极寻求专业人士的帮助，以免走入心理误区。

2. 志愿者倾情服务，心理咨询走进社区和农村

近年来，在社区和新农村的建设过程中，我们把许多力量都放在了体制改革上，虽然在实践中也搞了一些精神方面的服务活动，但操作中注重物质方面相对要多一些，教育、科普、文化娱乐等精神方面的服务则不全面和层次较浅，特别是心理健康服务还未引起足够的重视。特别是由于经济体制、产权制度、保障制度等方面的改革，使人们原有的"利益实现模式"受到了严重冲击；社会的发展与进步，特别是新的就业制度以及城市现代化，使原有"生存发展模式"受到了严重的冲击，使人们产生各种心理问题，进而又造成

不良的社会行为。再加上大量的农民进城务工，引发的留守儿童等问题，都迫切要求高度关注社区和农村的留守儿童的心理健康问题，要大力为他们开展心理健康服务。

每年的节假日，高校心理咨询中心都会有心理学专家组织一批心理学专业的学生和一些具备一定心理学、医学或教育学知识，并热心公益事业的学生组成一支志愿者队伍，到社区和农村免费对他们做心理咨询，这种没有距离的倾情服务已成为老百姓表达民意的新渠道，化解家庭、邻里矛盾的新途径和宣泄不良情绪的新出口，为帮助百姓形成理性平和、积极向上的心态起到了重要作用。

（三）高校应成为培养心理咨询工作者的摇篮

心理咨询工作者在我国属于新兴职业，它一经出现就备受瞩目，并且发展迅猛。这不仅说明这一职业自身具有极大的生存潜力，更充分反映了我国社会对于这一行业的巨大需求，而目前来看，心理咨询工作的数量和质量都远远不能满足社会需求，高校应承担起这一任务。

第二节　心理健康教育新着力点

一、规范心理咨询师培养的意义

（一）个体发展

当人的生理需要得到满足之后人们便会转向新的、更高的心理需求。这种观点在我国的古语中体现为"仓廪实而知礼节，衣食足而知荣辱"，在西方心理学理论中则以马斯洛需要层次理论为代表。此外，结合现实我们可以看到，随着社会生产力的不断提高，人们的基本物质需要不断得到满足，在此基础上人们转而更多地关注心理需求的满足。首先，由于人们更多地关注自身的心理健康，也就更容易因关注到以前存在但未解决的问题而产生更多困惑。其次，当人们不断寻求心理需要或精神需要的满足时既可能体会到更高层次的幸福感，也可能面对更多的失落感、挫败感。这样从个体层面就产生了对心理咨询工作者的明显需求。

（二）社会发展

我国目前处于社会转型期，改革使广大人民群众对美好生活充满希望，但同样不得不面对生活、工作和学习的不断增加的不确定感。此外，由于整个社会发展节奏不断加快，竞争压力变得越来越大。维持稳定、舒适生活所需要付出的努力成倍增加，这些外部因素足以构成对人们心理健康的影响，尤其是对老年人、青少年和妇女。

二、心理咨询师培养存在的问题

（一）准入门槛过低

心理咨询师作为一种特殊的职业，对从业者的素质有着很高的要求。要成为一名有效的心理咨询师，不仅要接受严格的专业教育和训练，掌握丰富的专业知识和具备娴熟的专业技能，而且应具备职业行为所必需的道德准则、心理健康和人格特质等。概言之，心理咨询是心理咨询师的知识、技能、职业道德、心理健康、人格特质等诸方面素质的展示，这正如心理咨询学家卡夫卡所说"咨询是生命的流露"，心理咨询师的综合素质在很大程度上决定着心理咨询的效果。正因为这样，在走过了百余年职业化发展道路的欧美发达国家，对心理咨询师都有严格的从业要求。在美国，要成为一名国家级资格认定的心理咨询者，至少要具有心理咨询硕士学位；在欧洲，由于各国教育体制不同，有些国家要求从业者具有博士学位，有些则要求具有硕士学位。心理咨询作为一种特殊的助人工作，需要从业者具备某些人格特质，或者认为具备某些人格特质的人更适宜于做心理咨询工作。

（二）培训内容过少

我国心理咨询师培训内容中，要求培训对象掌握的基础知识仅包括普通心理学、社会心理学、发展心理学、心理健康与障碍、心理测量学、咨询心理学，与心理咨询相关的法律知识等7门课程，培训时间仅为320~720课时。与国外成熟的培训模式相比，我国此种培训课程设置不仅课程种类不全，且课时总量也偏少，充其量只是重复心理学系本科课程的部分内容而已。用这种追求短平快的方式来进行旨在通过心理咨询师资格考试的"应试培训"，其参培对象对培训内容的掌握水平可想而知。

在心理咨询师资格审查工作中，存在一种只重视申请者的学历、专业背景等方面，而忽视申请者的综合素质的倾向。这种倾向自然也会反映在心理咨询师的培训内容上，即培训者往往只从"考试过关"出发，关注培训对象理论和技术方面的提高，而忽视其综合素质的培养，这实在是一种极不明智的做法。美国学者艾鲍曾经指出，"在心理咨询过程中，咨询员能带进咨询关系中最有意义的资源，就是他自身"。这样看来，培训对象的人格特质、心理健康等"自身"的特点，都可能对培训效果及个人专业发展造成影响。比如，培训对象的诸多自我成长问题，如童年时期的精神创伤、处理不好与周围人的关系、缺乏内在安全感和自信等，不仅会影响培训中的学习和训练效果，而且也会成为他们日后从业中的障碍。这些问题如不能尽早解决，很容易导致心理咨询师的职业枯竭。

（三）缺乏督导

心理咨询既是一门科学，也是一门艺术。一名心理咨询师培养对象，从接受培训到成为一名合格的心理咨询师，在这一过程中必不可少的培训环节是接受督导。所谓督导，通常是指在培训实习阶段，由资深的心理咨询师对培训对象的专业操作状况加以监督、指导和评估的过程。欧美等发达国家的经验表明，督导应贯穿在心理咨询师专业化发展的全过程，这既是心理咨询师专业训练的重要方法，也是保证其可持续发展的必要环节。例如，在美国心理咨询师培训中，受训者必须接受 1500~3000 小时或一年左右的专业督导。即使取得独立执照后，还必须接受终身督导。

我国心理咨询师培训中，不少培训机构或者只注重知识的传授而忽视技能的训练；或者虽有技能训练环节，但是无督导在场的"放羊式"的训练；在对培训效果进行评估时，往往只是颁发一张证明受训者参加过培训达到标准学时的证书，而不是颁发一张由督导评估的证明其有资格运用相关的知识和技能进行心理咨询实践的证书。不言而喻，后者与前者尽管同为证书，但却是截然不同的两个概念，对于增强培训效果和声誉来说是至关重要的。

三、规范心理咨询师培养的策略

综上所述，为了解决我国心理咨询工作者日益紧缺、心理咨询师培养质量不高的现状，应该结合我国实际，尽快完善心理咨询师培养机制，满足社会发展的需求和大众自身的需求，提出如下策略。

（一）加强对培训机构的监管

要想成为心理咨询师，必须获得相关认证，这已经成为全社会的共识，为了取得心理咨询师证，往往需要参加专业培训。我国心理咨询师培训市场非常混乱，严重影响了心理咨询师的质量。相关部门应加强对培训机构的资格审查及监管，加大审批程序、评定标准的建设进度，对心理咨询机构的设立应该进行严格审批，而且这种资格认证不应该是一审定终身，要设立一个有效期，到期必须更新。只有加强了审查及监管机制，才能使培训机构真正从学员的需求出发，在学时安排、教师选择、授课方式等各方面进行调整，不仅是为学员通过考试服务，更能真正提高学员的咨询理论及技能，培养出合格的心理咨询师。

（二）鼓励高校参与心理咨询师培养工作

从心理咨询理论的发展来看，教师尤其是高校教师对我国心理咨询理论的发展做出了巨大的贡献。他们不断地将西方先进的咨询理念和操作方法介绍到国内并不断将其本土化，同时也不断提炼和整理出本土化的咨询理念和方法，为我国心理咨询实践提供了强有力的理论指导。

在政策的制定上，高校的力量尤其是教师积极地参与其中，为我国心理咨询工作政策的出台进行了科学的论证并提出了合理化建议，这无疑也推动了我国心理咨询工作的开展。同时广大的教师积极地参与《心理咨询师国家职业标准》的制定，参与心理咨询相应政策法规的制定，有力地推动了我国心理咨询工作向着规范化、法治化、科学化不断发展。

从人员的培训来看，我国高校由于自身无可比拟的优势无形中就成为我国心理咨询工作者培训的主体。高校之所以能在心理咨询人员的培训中起到如此重要的作用是由它自身的特点决定的。在我国心理咨询师国家标准中明确规定，晋升为任何一个级别的心理咨询师都有明确的学时标准，从一级到三级分别为300、400和500标准学时，而这些标准学时要有质量地完成就主要依托学校的力量尤其是高校的力量，高校不仅具有或易于达到对心理咨询师培训场地的要求及设备的要求，更为重要的是高校具有的良好的师资力量，这是进行心理咨询培训的天然保障，按照要求具有心理学及相关专业副高以上职称，从事心理咨询工作满3年者，或取得高级心理咨询师职业资格证书3年以上者，经心理咨询师执教培训后，可担任心理咨询员和心理咨询师的培训教师；具有心理学或相关专业正高职称，从事心理咨询工作满3年者，可担任高级心理咨询师的培训教师，稍加分析我们就可以发现能达到这样条件的师资大都集中在学校里，尤其是在一些高校。

拥有这样完备的软硬件条件，再加上长期积累的教育经验，学校在心理咨询工作者的培养中就具有了很高的社会声望，因此我们可以看到国家认证并批准的省级认证或培训机构大多集中在高校。综上所述，我们可以看到无论从理论的发展还是政策的出台，直至人员的培训各个层面都离不开学校，尤其是高校对心理咨询工作发展的推动。

从长远来看，心理咨询工作者的培养必将长期以学校为基础，一方面，学校通过对未来社会成员的培养，为心理咨询的发展营造了良好的发展氛围。另一方面，学校目前在培养心理咨询工作者的过程中所积累的经验，也为进一步提高专业人员的培养水平打下了良好的基础。这两者的结合为心理咨询在我国的进一步发展提供了优越的条件，也将成为我国心理咨询工作可持续发展的基础。

参考文献

［1］张秀娟. 大学生心理健康教育［M］. 长春：东北师范大学出版社，2020.

［2］刘建锋，石静. 大学生心理健康教育［M］. 上海：上海交通大学出版社，2020.

［3］孟雅雯，李昭华. 大学生心理健康教育［M］. 苏州：苏州大学出版社，2020.

［4］陆茜，赵贞卿. 大学生心理健康教育［M］. 苏州：苏州大学出版社，2020.

［5］王刚，曹菊琴. 大学生心理健康教育［M］. 北京：北京理工大学出版社，2020.

［6］马立骥. 大学生心理健康教育与实训［M］. 上海：上海交通大学出版社，2020.

［7］王莹，姜华. 艺术院校大学生心理健康教育［M］. 北京：文化艺术出版社，2020.

［8］张海婷. 高职大学生心理健康教育［M］. 北京：北京理工大学出版社，2020.

［9］沈沛汝. 大学生心理健康教育理论与实践［M］. 北京：北京航空航天大学出版社，2020.

［10］薛春艳. 生命教育视野中的大学生心理健康教育研究［M］. 武汉：华中科技大学出版社，2020.

［11］朱蓓，李扬. 大学生心理健康教育［M］. 上海：上海交通大学出版社，2020.

［12］史鸿桦. 大学生心理健康教育［M］. 吉林出版集团股份有限公司，2020.

［13］武莉，张文静. 大学生心理健康教育［M］. 大连：大连海事大学出版社，2020.

［14］孙婉. 大学生心理健康教育［M］. 北京：人民交通出版社，2020.

［15］高峰，石瑞宝. 大学生心理健康教育［M］. 北京：清华大学出版社，2020.

［16］刘嵋，刘岳. 大学生心理健康教育［M］. 成都：电子科技大学出版社，2020.

［17］张金慧，刘诗娴. 大学生心理健康教育［M］. 北京：清华大学出版社，2020.

［18］冯宪萍. 大学生心理健康教育［M］. 济南：山东人民出版社，2019.

［19］陈小梅，张新招. 大学生心理健康教育［M］. 厦门：厦门大学出版社，2019.

［20］王天哲. 大学生心理健康教育［M］. 西安：西北大学出版社，2019.

［21］李国毅. 大学生心理健康教育［M］. 北京：国家行政学院出版社，2019.

[22] 刘金瑞，李艳花. 大学生心理健康教育 [M]. 长春：东北师范大学出版社，2019.

[23] 严敏，熊星. 大学生心理健康教育 [M]. 青岛：中国海洋大学出版社，2019.

[24] 罗旋，王倩婷. 大学生心理健康教育 [M]. 长春：吉林科学技术出版社，2019.

[25] 张英莉. 大学生心理健康教育 [M]. 北京：北京理工大学出版社，2019.

[26] 孙锋，许明超. 大学生心理健康教育 [M]. 天津：天津科学技术出版社，2019.

[27] 李琼瑛. 新时代大学生心理健康教育 [M]. 北京：北京交通大学出版社，2019.

[28] 王晓丽，郑海林. 大学生心理健康教育教程 [M]. 西安：西安电子科技大学出版社，2019.

[29] 苏碧洋. 大学生心理健康教育与辅导 [M]. 厦门：厦门大学出版社，2019.

[30] 姚本先. 大学生心理健康教育第3版 [M]. 北京：北京师范大学出版社，2019.

[31] 李晓光. 当代大学生心理健康教育的理论与实践研究 [M]. 北京：海洋出版社，2019.

[32] 宋宝萍. 大学生积极心理健康教育理论与实践第2版 [M]. 西安：西安电子科技大学出版社，2019.

[33] 梁艳，曾本君. 大学生心理健康教育 [M]. 成都：电子科技大学出版社，2019.

[34] 张艳艳. 大学生心理健康教育 [M]. 重庆：重庆大学出版社，2018.

[35] 李晨光，陈恒英. 大学生心理健康教育 [M]. 重庆：重庆大学出版社，2018.